「次の一球は？」

投手編

野球脳を鍛える

配球問題集

辰巳出版

はじめに

配球はキャッチャーからサインが出て、ピッチャーが投げることがほとんどです。

そのなかで大事なことは、バッテリーの意思がしっかりと疎通できていて、一致していることになります。

例えば外角の真っすぐのサインが出た場合に、「ストライクを取るボールなのか」「バッターの様子を見るために目いっぱい投げて欲しいのか」など、いろいろな意味合いがあります。

そういったことまで、日ごろの練習で確認しあっていることが大切です。

キャッチャーのサインにただうなずくのではなく、ピッチャーからきちんと意見が言えたり、ここにこういうボールを投げたいといった意思表示ができてくると、配球の質が高まります。

本書では、配球の考え方の例を挙げています。配球に正解はありませんが、配球の意図や狙いを考えられるピッチャーを目指してください。

筑波大学 准教授　川村　卓

本書の見方、使い方

本書は「配球のセオリー」や「状況の考え方」を、設問と回答から学べるように構成しています。4ページで1セットになっていますので、ここでは各ページの要素を紹介します。

QUESTION

設問です。状況、ピッチャーやバッターの特徴を踏まえた内容になっています

SITUATION

状況やカウント、ランナーなどの情報です

QUESTION
問題
20
エンドランを仕掛けてくるときの
対処法は？
相手チームの
エンドラン狙いが
予想される場合、
どのような工夫が
必要でしょうか?
137
136

配球の原理原則

この3つの要素を踏まえて配球を考えます

状況による配球

➔ アウトカウント、ランナーの有無、試合の前半・中盤・後半、得点差 など

バッター中心の配球

ピッチャー中心の配球

TEXT

「正答例」の理由や状況、補足する内容です。

DATA

設問の補足説明である図や表を載せています。

ANSWER

設問に対する答えの例である「正答例」になります。

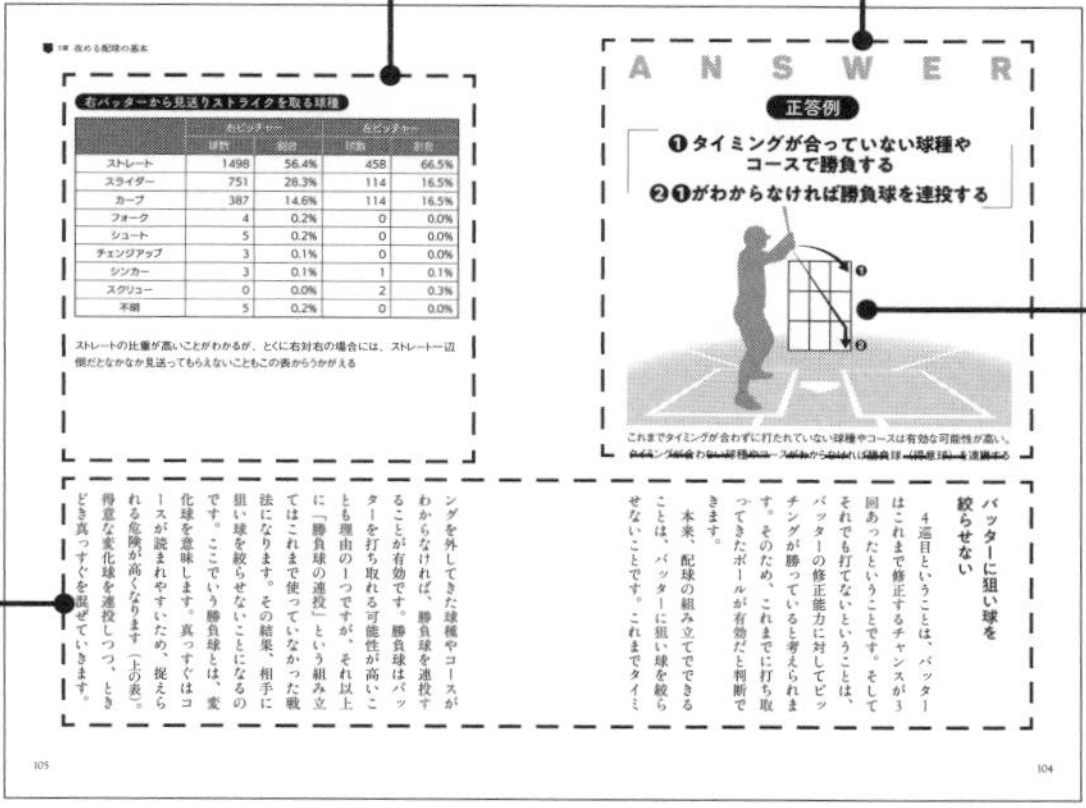
1章 攻める配球の基本

A N S W E R

正答例

❶タイミングが合っていない球種やコースで勝負する
❷❶がわからなければ勝負球を連投する

これまでタイミングが合わずに打たれていない球種やコースは有効な可能性が高い。

バッターに狙い球を絞らせない

4巡目ということは、バッターはこれまで修正するチャンスが3回あったということです。そしてそれでも打てないということは、バッターの修正能力に対してピッチングが勝っていると考えられます。そのため、これまでに打ち取ってきたボールが有効だと判断できます。

本来、配球の組み立てでできることは、バッターに狙い球を絞らせないことです。これまでタイミングを外してきた球種やコースがわからなければ、勝負球を連投することが有効です。勝負球はバッターを打ち取れる可能性が高いことも理由の1つですが、それ以上に「勝負球の連投」という組み立てはこれまで使っていなかった戦法になります。その結果、相手に狙い球を絞らせないことになるのです。ここでいう勝負球とは、変化球を意味します。真っすぐはコースが読まれやすいため、捉えられる危険が高くなります（上の表）。得意な変化球を連投しつつ、ときどき真っすぐを混ぜていきます。

右バッターから見送りストライクを取る球種

	右ピッチャー		左ピッチャー	
	球数	割合	球数	割合
ストレート	1498	56.4%	458	66.5%
スライダー	751	28.3%	114	16.5%
カーブ	387	14.6%	114	16.5%
フォーク	4	0.2%	0	0.0%
シュート	5	0.2%	0	0.0%
チェンジアップ	3	0.1%	0	0.0%
シンカー	3	0.1%	1	0.1%
スクリュー	0	0.0%	2	0.3%
不明	5	0.2%	0	0.0%

ストレートの比重が高いことがわかるが、とくに右対右の場合には、ストレート一辺倒だとなかなか見送ってもらえないこともこの表からうかがえる

104

105

凡例

ストレート

スライダーやフォーク

カーブやシュート

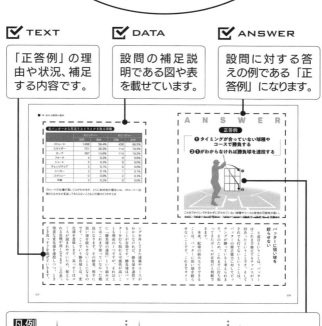

第1章

自分（ピッチャー）の武器を知る

SELF-CHECK

武器を知る

1

「真っすぐの質を知る」

▼▼▼

あなたの真っすぐは、

「伸びるボール」か「迫ってくるボール」か？

バッターにとって、
「伸びるボール」と
感じるのか
「迫ってくるボール」と
感じるのか

バックスピンがかかっているほうがよい理由

ピッチャーが投げるボールは、キャッチャーに近づくにつれて少しずつ落下する。これは当たり前のことだが、バッターが予測する以上に落ちない（浮き上がって見える）ボールがある。この現象と密接するのがバックスピンであり、回転数と回転軸である。

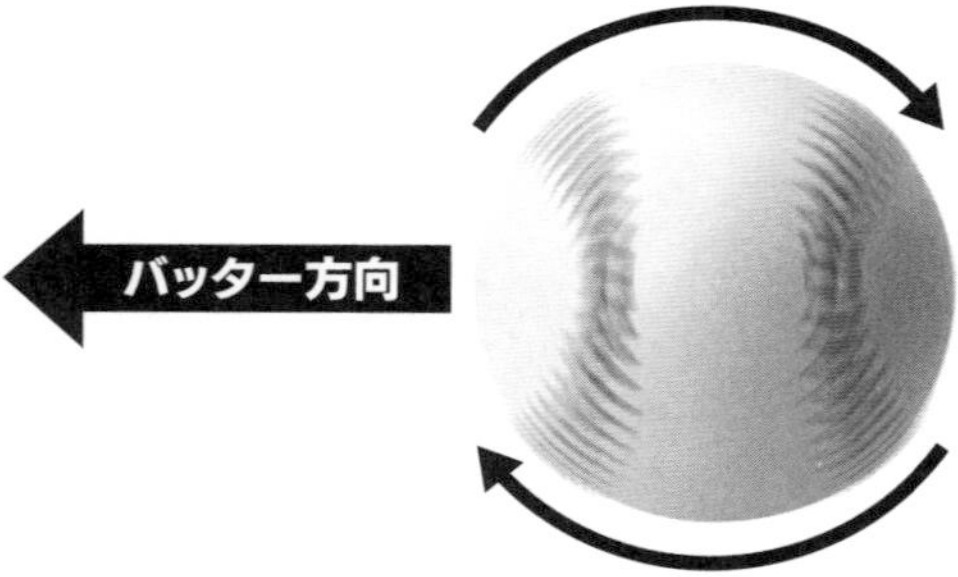

回転軸と回転数が重要

バッターが打ちにくいという球質を考えた場合、回転数（回転速度）の多さというよりも、回転軸と回転数、そして球速という3つの要素を見ていくことが重要になります。まず回転数ですが1分間にどれだけボールが回転しているかを測定した数値になります。一人ひとりが持っている基本的な回転数があります。そしてこの基本的な回転数は、投げ方やリリースの仕方によって変化させることができます。もう一方の回転軸です

回転数とは

➡1分間にどれだけボールが回転しているかを測定した数値

回転数の平均値

高校生	1,800~2,000回転
プロ野球	2,200~2,300回転

回転軸とは

➡回転軸とは、ボールが回転する際の軸のこと。オーバースローであっても地面に対して20~30度ほど傾いている。回転軸が0度に近いほど伸びるボールとなる。

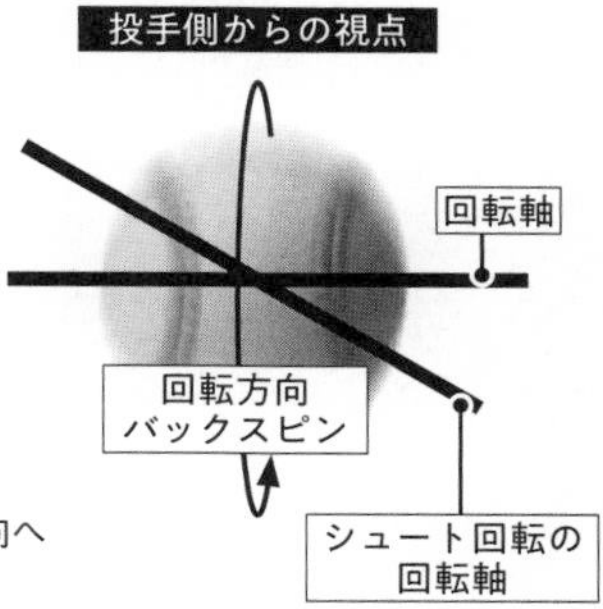

回転数が多くなるほど、回転軸に直角方向へ力が働く

が、私はバックスピンがかかっている球質ほど、バッターが打ちにくいと考えています（その理由は14ページ上をご覧ください）。回転数が多くてスピンがかかってるボールには空気の抵抗が多くかかるため、初速と終速の差が大きくなり、球速が速いほど伸びて見える投球になります。逆に回転数が少ないと、迫ってくるような、バッターが重さを感じるような投球になります。

近年は回転数が計測できる安価な機器もあります。現時点の回転数を計測し、ピッチャーの球質を知っておきましょう。

SELF-CHECK

武器を知る

2

「コントロールの精度を知る」

▼▼▼あなたのコントロール精度はどのくらい？

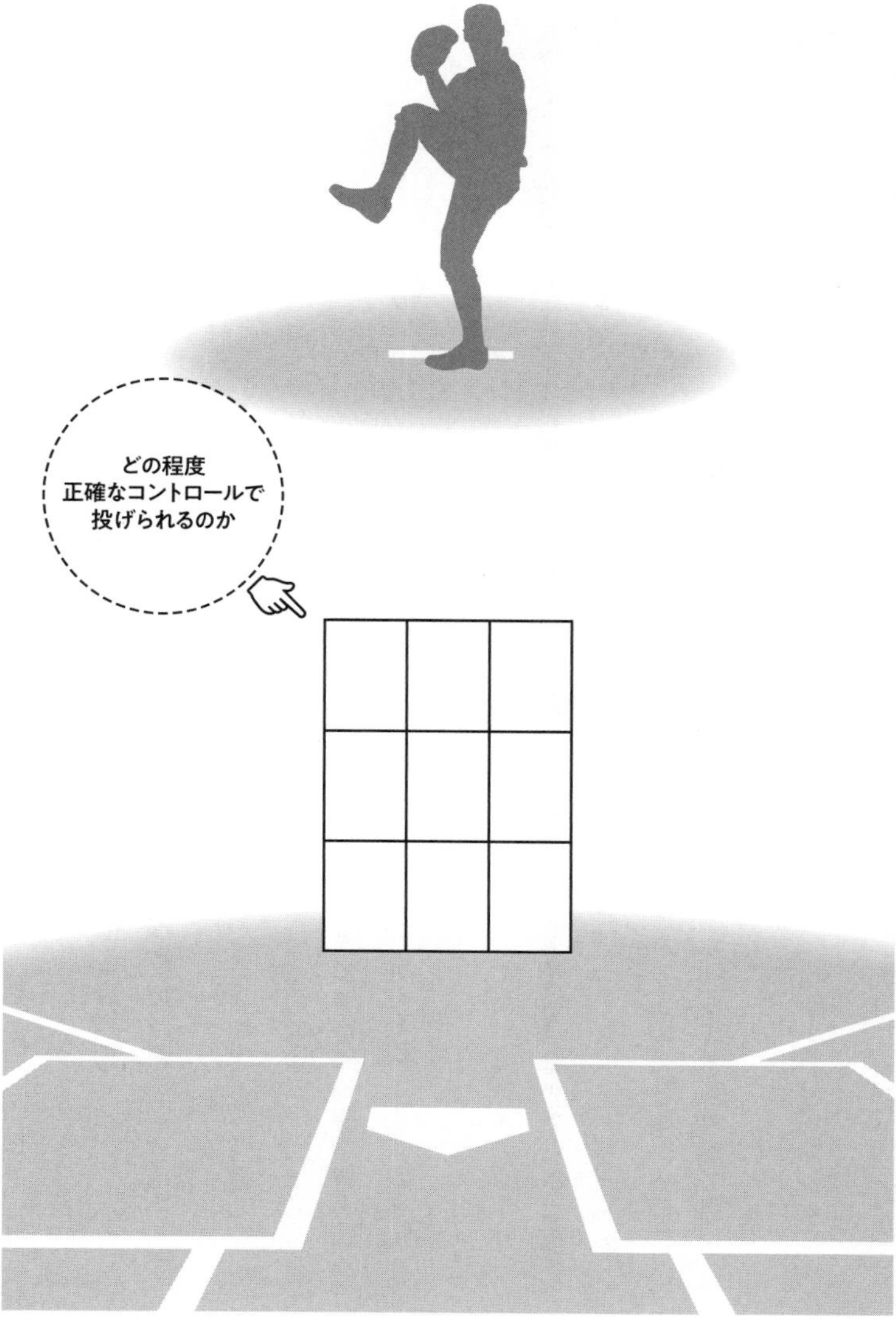
どの程度
正確なコントロールで
投げられるのか

ベースを2分割する

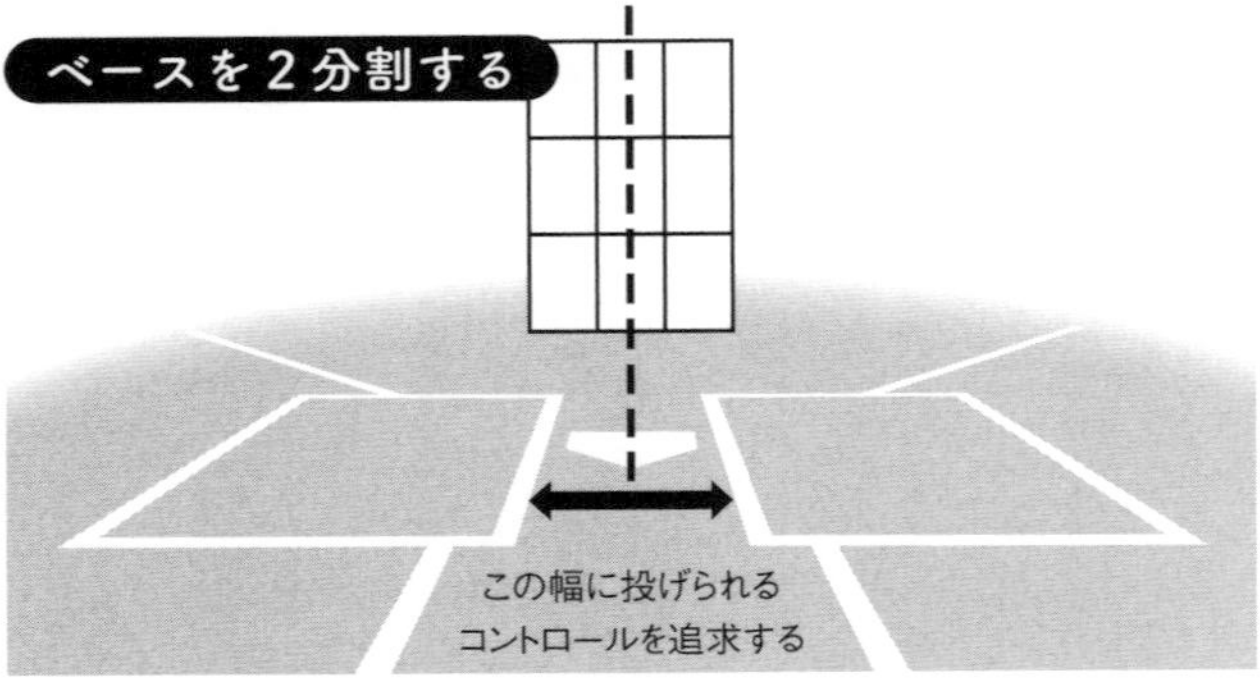
この幅に投げられる
コントロールを追求する

コントロールの精度（高校生）

	ブルペン	ゲーム（ランナーなし）	ゲーム（ランナーあり）
よいピッチャー	80%	60%強	50%程度
そうでないピッチャー	70%以下	60%以下	50%以下
目指してもらいたい確率	70~80%	60%強	50%強

高校生のレベルでは、表中の「目指してもらいたい確率」を目安に、それぞれの場面で左右に投げ分けることが目標になる

ベースを2分割し左右に投げ分ける

コントロールをどこまで求めるのかは、もちろんピッチャーによって変わりますが、理想を言えば「ベースの端から端＋ボール1個分」（上の図）まで追求してもらいたいです。ただし高校生のレベルではここまでのコントロールは難しいため、ホームベースを真ん中で2分割し、正確に外側と内側に投げ分けられることが大事です。そうはいってもストレスが少ないブルペンと試合のマウンドでは、

リリースポイントの違い

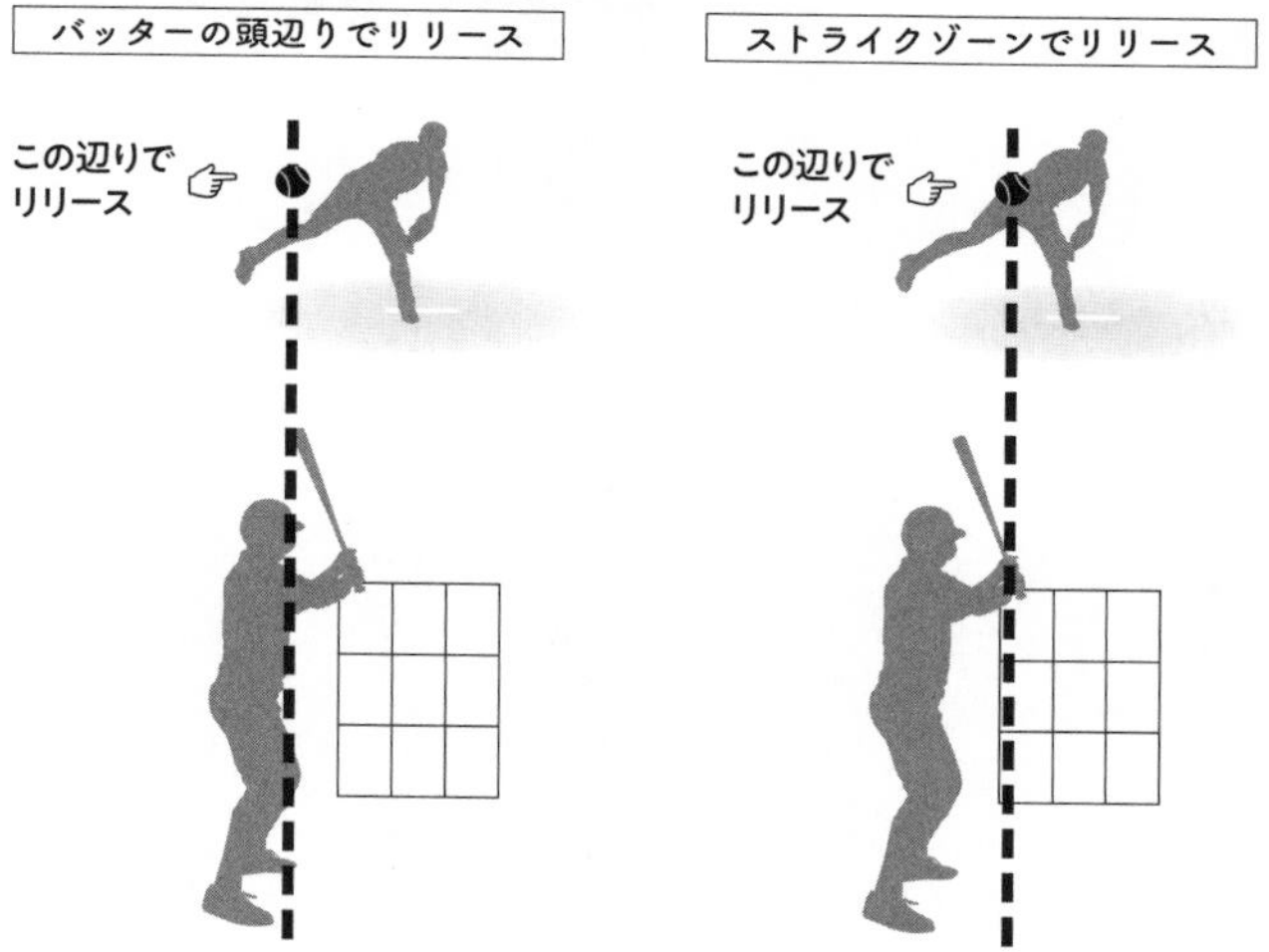

前でリリースする感覚が重要。速く腕が伸び始めるとリリースが始まってしまうため、文中で紹介した投げ方ができることが大切である

コントロールの精度が変わるものです。左上の表を目安に、精度を高めていきましょう。コントロール精度と投げ方の関係ですが、右ピッチャーでコントロールが悪い選手の共通点は、リリースポイントが身体の後ろ側で早く投げることです。これをストライクゾーンでリリースしようとすることで、もう少し身体が回転し、リリースポイントが前になります（上の図）。腕がなるべく自分の身体の近くを通って回転をし始め、その後腕が伸びていくという投げ方ができればコントロールがよくなります。

SELF-CHECK

武器を知る

3

「変化球の能力分析①緩急」

▼▼▼ あなたの球速差は有効？

真っすぐと
投げられる変化球との
球速差は
どのくらい？

適度な球速差

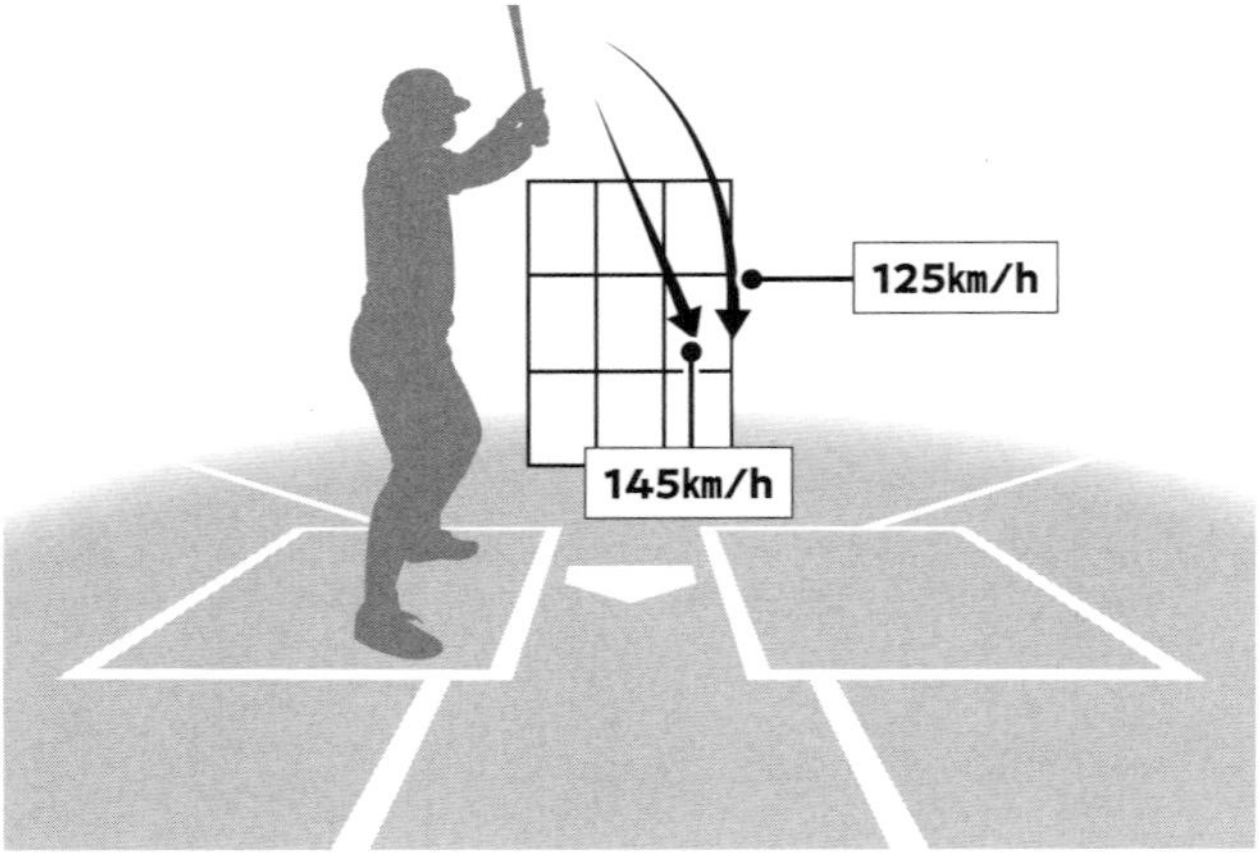

真っすぐとの適度な球速の差が重要

　有効な変化球を考えた場合、真っすぐとの「緩急」（球速差）が大きなポイントになります。ある程度の緩急があることで、バッターのタイミングを外したり、打ち損じを誘うことができます。基本的には、真っすぐと、とても遅い変化球（例えばカーブ）で20km／hから30km／h近い差があれば大きな武器になります。私たちは球速差ではなく、速度効率という言い方をします（上を参照）。スライダー

速度効率とは

➡真っすぐを100(%)とした場合、それぞれの球種が効果的な数値(%)を求めたもの。真っすぐと変化球の速度効率の違いが少ないと、あまり効果的な変化球とは言えないこともある。簡単に言うと、真っ直ぐよりもマイナス20km/hほどのカーブを覚え、この中間となる真っすぐよりもマイナス10km/hくらいの変化があるとよい。

速度効率の例

	真っすぐ	カーブ	スライダー	カットボール
速度効率(%)	100	79～85	91～92	95～96
球速(km/h)	140	110～120	127～129	133～134
真っすぐとの差	−	30～20	13～11	7～6

真っすぐに対してそれぞれ表の速度効率を目安にしたい。肘から先をしなやかに振れることで、緩急がつきやすくなる

やカットボールの場合は、左上の表のように7～13km／h以内の差があると理想的です。このように3段階の球種と球速（真っすぐ・カーブ・スライダーなど）があると、3つの球種を組み合わせた6通りの投げ方ができます。緩急が出ないピッチャーの多くは、肩から肘までが一直線になるアーム式の投げ方をしているため、リリースポイントが1つになっていることが多いです。肘から先を使って遅いボールは後ろ側、速いボールは前側のように、リリースポイントの前後の調節ができるようにしましょう。

SELF-CHECK

武器を知る

4

「変化球の能力分析②
真っすぐとの組み合わせ」

▼▼▼ コンビネーションでもコントロールが乱れない？

変化球後の
真っすぐの精度を
修正できる?

リリースポイントは一定ではない

➡感覚としては、リリースポイントのブレ幅はとても小さなものだが、実際に測定してみると意外とばらけている。前後のブレ幅では、20センチ程度ずれていることも少なくない。リリースポイントについての自分の感覚とリリースする位置についてはこのようなずれがある。横から映像を撮り、自分の感覚と照らし合わせながら、よいリリースポイントを見つけたい

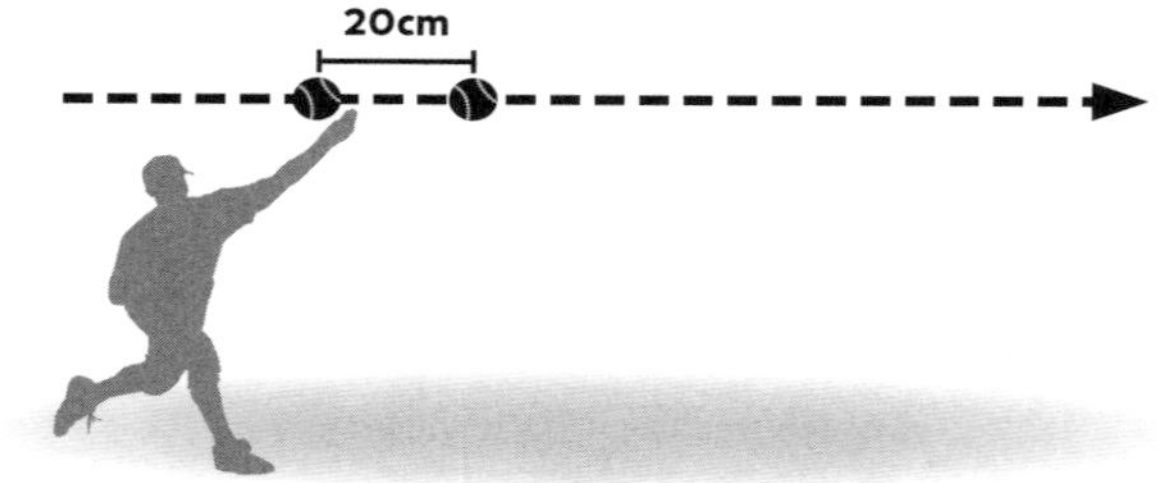

変化球後の真っすぐを調整する能力を養う

真っすぐと変化球の組み合わせ方は22ページで述べたようにいくつかの組み合わせが考えられます。そしてその組み合わせと同じくらい重要になるが、コンビネーションです。変化球を投げた後の真っすぐは、コントロールが乱れたり、質が悪くなることがあります。この対処法として、上手に投げ分けられるトレーニングが必要になります。まずはキャッチャーが構えた場所（外側や内側）に、真っすぐを投げ続けられる能力

一球ごとに修正する能力も重要

➡同じフォームとリリースポイントで投げる感覚は大事だが、制球の乱れを修正するためにはもう1つ重要なことがある。それは例えば「リリースが早いと感じたら手首の角度を変える」など、1球ごとに投げ方を修正する能力があるということ。人はそこまで再現能力が優れているわけではないため、こういった修正ができる能力を磨くことも、高いコントロール精度を保つためには必要になる。

が大事です（18ページ）。次に変化球と組み合わせ、変化球を投げた後に内側に投げるといった練習をします。このように真っすぐと変化球のコンビネーションとコントロール精度を磨いていかないと、ゲームで有効な投げ分けになりません。

　ポイントは、真っすぐと変化球のリリースポイントのよい感覚を知っておくことです。逆に言うと、リリースを調整するにはリリースまでのフォームは一定でなければなりません。特に下半身の動きは上半身に比べて遅いので、安定させる必要があります。

SELF-CHECK

武器を知る

5

「自分の勝負球を知る」

▼▼▼ 理想的な勝負球の３つの条件とは？

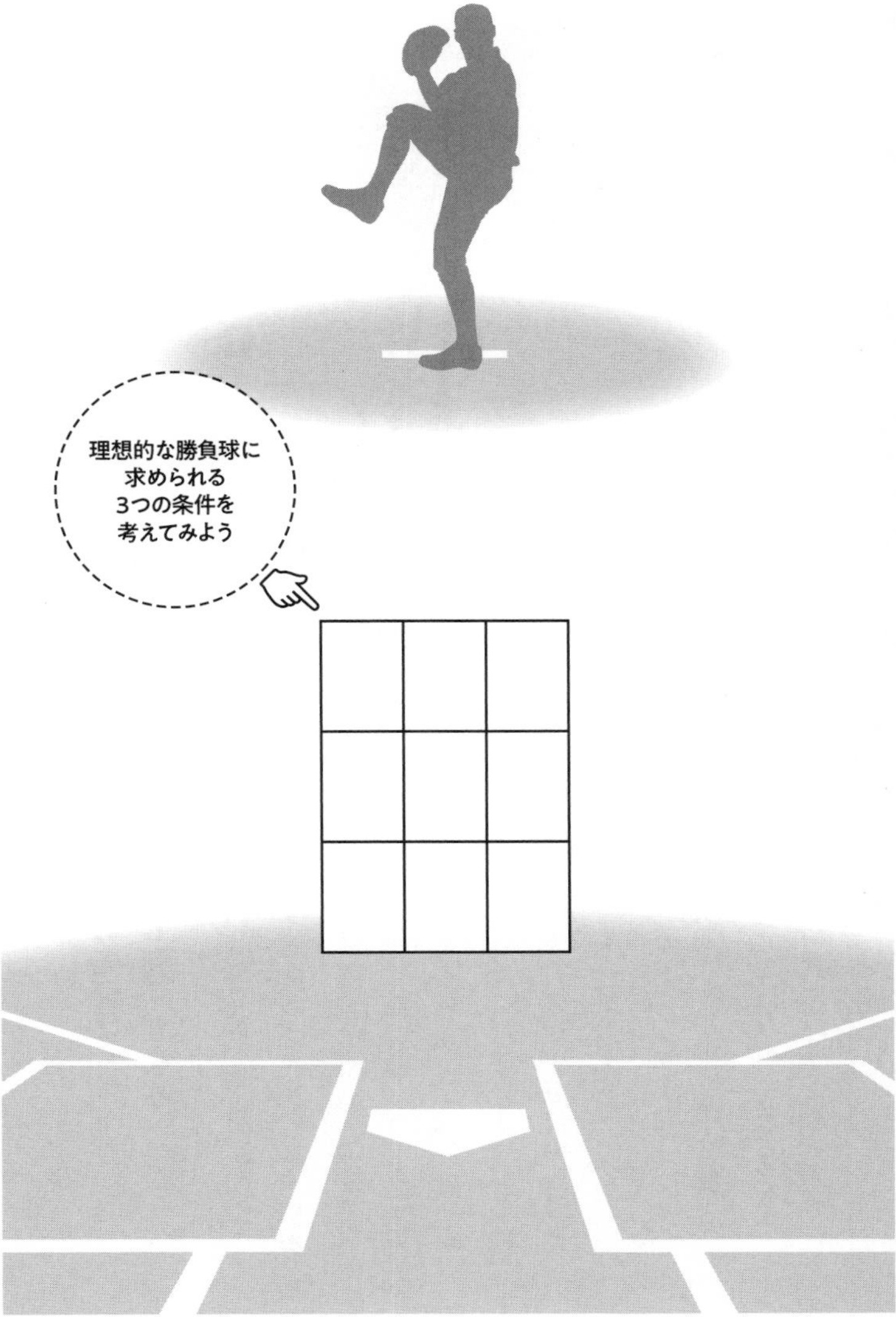
理想的な勝負球に
求められる
3つの条件を
考えてみよう

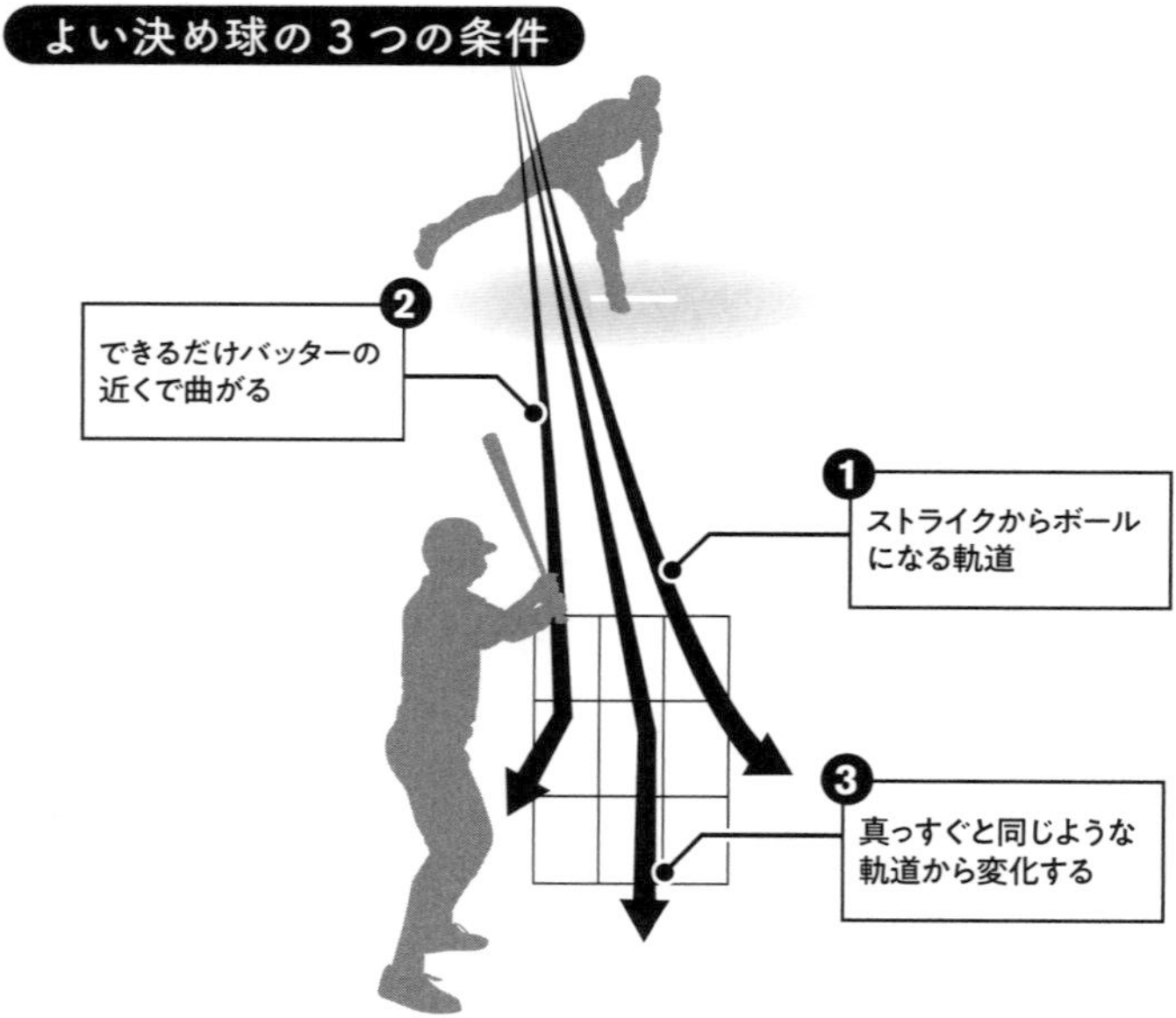
よい決め球の3つの条件
❷ できるだけバッターの近くで曲がる
❶ ストライクからボールになる軌道
❸ 真っすぐと同じような軌道から変化する

決め球の条件は見た目で判断できる

理想的な勝負球を簡単に言うと、ストライクからボールになる軌道で、しかもできるだけバッターに近いところで曲がること。そして真っすぐと同じような軌道から変化することです。この3つの条件に当てはまれば、十分に勝負球として通用する確率が高くなります。

3つの条件の見極めは、ブルペンなどでの見た目でかまいません。大きな変化で打ち取る必要はなく、少し軌道をずらしてストライクか

真っすぐと同じような軌道で変化する

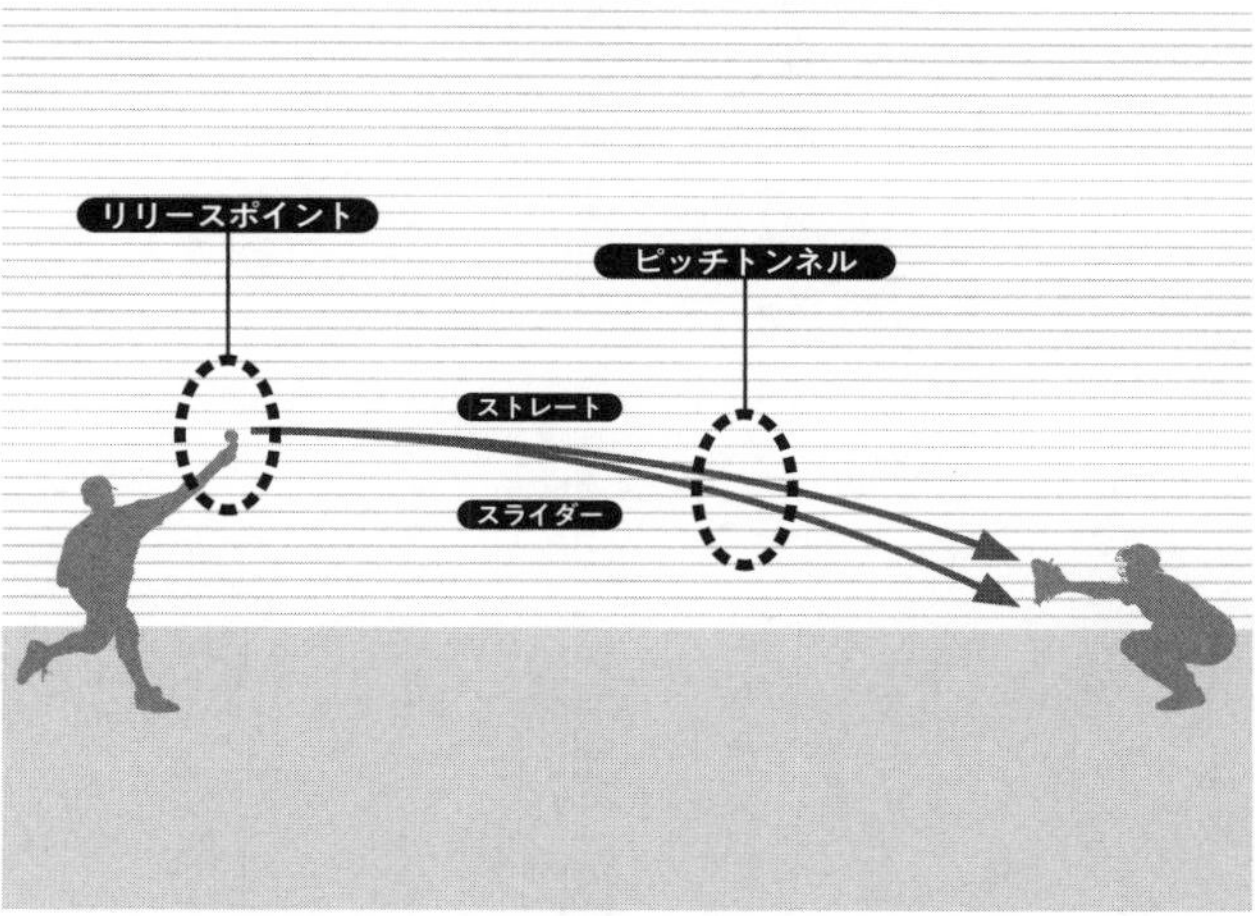

真っすぐと同じような軌道で変化することと連動するのが、近年「ピッチトンネル」と呼ばれている要素である。この図のように、バッターがコースや球種などを最終的に判断するポイント(仮想の空間)のことを意味する

らボールになればいいのです。

それからもう1つ、ストライクからボールになるスライダーで勝負しようと思ったときに、そのコースと対になるコースに厳しいボールが投げられるかという投げ分けのコントロールも重要です。

とくに打順が2巡目や3巡目になると、バッターもこちらの決め球のコースを見極め、簡単には振らなくなってきます。その時にいかにしてバットを振らせるかを考えると、対のコースに投げ分けることが非常に大切になります。

SELF-CHECK

武器を知る 6

「カウントを取れる球を作る」

▼▼▼バッターに狙い打ちされないためには何が必要？

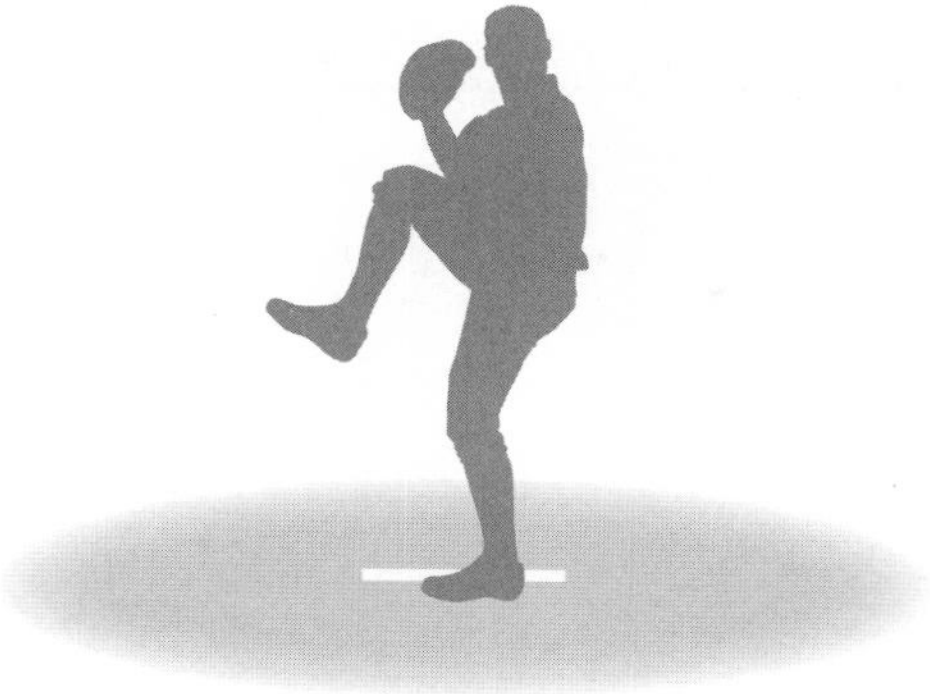

理想的な
カウントを
取れる球を
考えてみよう

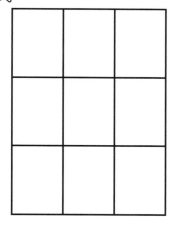

2種類のカウントを取れる球種を持つ

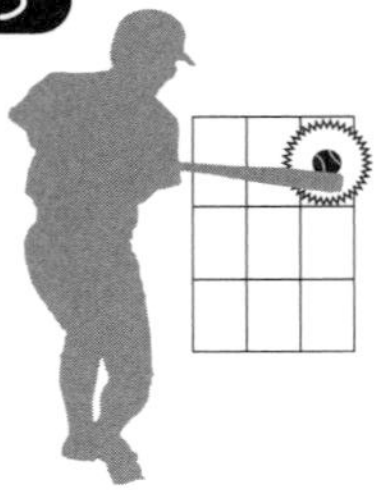

カウントを取れる球種が1種類だと

➡バッターが有利なカウントなどで狙い打ちされる危険が高い

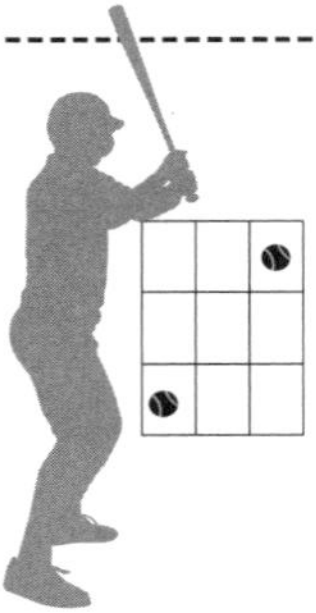

カウントを取れる球種が2種類だと

➡バッターの判断を迷わせることができる

できるだけ2種類の球種を持っておく

カウントを取る球というのは「確実にストライクを取る」という意味で、理想は2種類の球種がこれに当てはまることです。これはストライクゾーンに例えば1－0や2－0といったボールが先行しているカウントは、バッターにとって大きなチャンスで積極的にカウントを取れる球を狙ってきます。そのときにカウント球が1種類しかないと、完全に狙い打ちをされてしまいますが、狙い球が2種類あ

変化球ごとの特徴の例

球種	特徴	ポイント
カーブ	タイミングを外す	ピンチのときほど遅い球を低めに投げる
スライダー	打ち損じやストライクを取る	曲がる量よりキレが重要。 内角への真っすぐなどの伏線が大切
フォークボール	空振りを狙う	ピンチでバッターの得意なコースへ投げ込めるか

変化球の特徴や投げられる変化球の質を踏まえたうえで、真っすぐ以外のカウントを取る球をセレクトしたい

るとバッターは狙いを絞りきれなくなります。真っすぐ以外にカウントが取れる球種として、カーブがあれば非常にいいでしょう。しかしカーブは縦にも横にも変化をするため、きちんとストライクゾーンに収めることがとても難しい球種になります。そう考えるとスライダーのように少し球速が遅くても、ストライクゾーンに収めやすい球種のほうが投げやすいと言えます。最終的にはピッチャーの力量によってカウント球を決めることになりますが、基本は真っすぐとスライダーと考えるとよいでしょう。

SELF-CHECK

武器を知る

7

「バッターの様子を見る球を作る」

▼▼▼ バッターの狙いを見つけるためには
どのようなボールが有効か？

バッターの狙いを
絞るために
有効なコースを
考えてみよう

バッターは大きく3つのタイプに分けられる

	バッターのタイプ	攻略のポイント
タイプ1	どのようなボールにも反応してくる	甘いボールを投げなければ打ち取りやすい
タイプ2	狙い球を絞る	狙い球がわかるまでは、 狙い球を見抜く攻撃が必要
タイプ3	打つ方向を決めてくる	セオリーを重視するケースが多い

とくにタイプ2のバッターに対しては、このページで紹介した「様子を見るボール」を持っていることが非常に重要になる

バッターが反応しやすいコースを考える

バッターの様子を見る球の理想は高度になりますが、アウトコース側のベース板とバッターボックスの間へのボールが投げられると一番よいです。バッターが真っすぐを狙っている場合、このコースに来たボールには、必ず反応します。また変化球を狙っているのかを見たい場合には、先ほどと同じコースやストライクからボールになるコースに投げ込みます。そうすることで、バッターには何かし

バッターのセオリー

1. ファーストストライクを打つ
2. ボール先行のカウントではストレートを待つ
3. 2ストライクまでは厳しいボールに手を出さない
4. ボール先行のカウントでは厳しいボールに手を出さない
5. 追い込まれたらストライクゾーンを広げる
6. ピッチャーが最もストライクを取りやすいボールを待つ
7. 差し込まれてファウルになったらポイントを前にする

バッターの基本的な考え方も考慮して、様子を見る球を作っていきたい

らの反応が現れます。バッターの様子を見ることが目的の場合、極端なボール球になるとバッターは反応をしないことがほとんどです。考え方としては、「バッターが反応しやすい」かつ「バットが届かない」コースに投げるようにします。シビアなコースに投げ込むことになりますが、先ほど紹介したコースに投げられるよう、コントロールを磨いていきましょう。また狙い球に対する反応を見て、「一二塁間を狙っている」「フライを狙っている」などの狙いまで読めるようになると文句なしです。

SELF-CHECK

武器を知る
8

「ボール球の使いどころを考える」

▼▼▼ 攻めるピッチングに必要なボールの活用

ボール球を使う
メリットを考え、
配球に取り入れる

ボール球が有効になる要素

1	対角線へのボール	対角線への揺さぶりで バッターの打ち損じを狙う
2	バッターを迷わせる	狙い球を絞らせない効果がある
3	バッターの打ち気をさぐる	バッターの反応を見て、 狙い球や打つコースを絞る
4	相手チームの作戦をさぐる	バッターの反応を見て、 エンドランなど相手の作戦をさぐる

このような意図を持ってボール球を投げることは有効になる。しっかりと勇気をもって投げてもらいたい

OPSとは

➡OPSは出塁率＋長打率で求められ、チームへの貢献度を表す指標としてMLBで使われている。

例 出塁率 0.352、長打率 0.54の選手の場合、OPSは0.892となる

縦の揺さぶりと対角線の揺さぶり

ボール球を投げることには「テンポが悪くなる」「フォアボールにつながる」など、マイナスのイメージを持つ方もいるでしょう。しかしボールを投げることで、配球に意味を持たせる方法もあります。

例えば初球にあえてボールから入ること。初球を見送ったときの反応や表情を見て、バッターの狙いをさぐることができます。

またOPSというバッターの得点度への貢献度を表す数値があり

ボール球のコース

ボール球を投げることで配球の組み立てに意味を持たせることができる

ます。ＯＰＳの高いバッターは、2ストライク後は三振をしないスタイルに変えることが多い傾向がありますが、標準以下のバッターはそこまでスタイルが変わりません。そのため、ＯＰＳが標準以下のバッターに対しては、ボール球を誘いにして打ち取ることが考えられます。右上の表はボール球が有効になる要素をまとめたものです。しっかりと意図を持ちながら、ボール球を使えるようになりましょう。

SELF-CHECK

武器を知る

9

「高度なコースの揺さぶりを知る」

▼▼▼ バッターに有効な高度な揺さぶりとは？

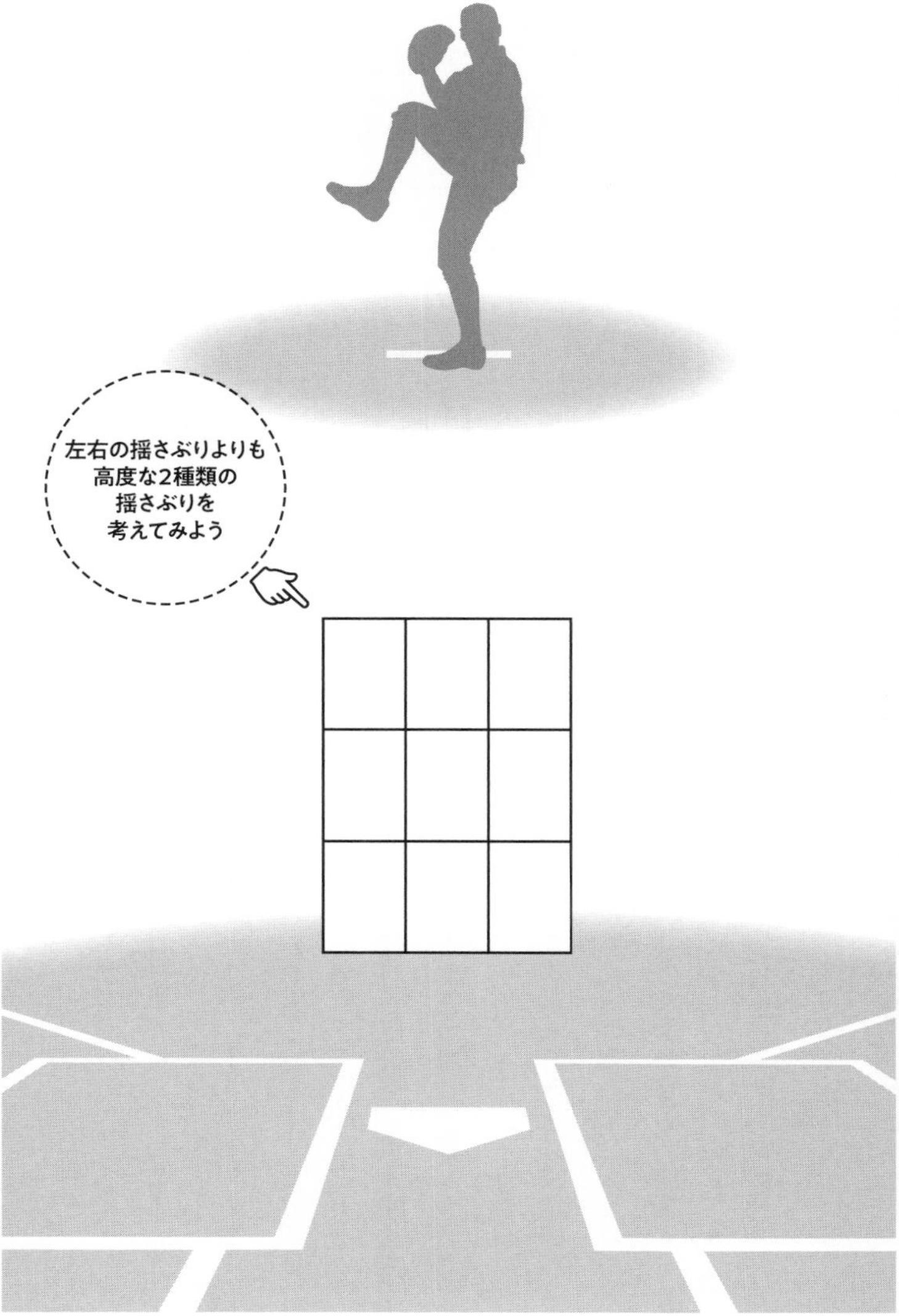
左右の揺さぶりよりも
高度な2種類の
揺さぶりを
考えてみよう

上下の投げ分け

高目と低目に投げ分けることでバッターを揺さぶる

縦の揺さぶりと対角線の揺さぶり

揺さぶりの基本は、19ページで紹介した左右になります。そしてさらにコントロール精度が上がってくると、上下（高低）や対角線の揺さぶりを使ったピッチングができるようになります。「人の目は、左右よりも上下の動きに焦点を合わせることが難しい」とされており、上下の揺さぶりは非常に有効です。また対角線の揺さぶりは左右と上下の組み合わせで、例えば内角高目と外角低目のような

対角線の投げ分け

バッターから見ると最も移動幅が大きい軌道になる

投げ分けになります。どちらも高い精度での投げ分けが難しいのですが、少しずつ精度を上げられるように練習をしましょう。上下のポイントは、高目は思いっきり高目を狙って投げることで、ストライクゾーンを外れてもかまいません。肩から首辺りにしっかりと投げられると、バッターの視点と近いため、バットを振りやすくなります。対角線は左右や上下以上に投げるコースがピンポイントになります。そのため「難しいもの」「完璧にでなくても仕方ない」という心構えで使いましょう。

SELF-CHECK

武器を知る

10

「野手がピッチャーをするときのポイント」

▼▼▼ 投球制限下でのピッチャーの役割とは？

投球制限により
野手がピッチャーを
務めることが増える今後。
そのときに
気をつけることは
何でしょう?

投球制限について

➡私も投球制限の検討委員として会議に名を連ねていましたが、このルールは、決してピッチャーが少ないチームを苦しめることが目的ではありません。選手たちをケガから守り、将来に向けて正しい育成をしていく未来志向の制限と考えています。球数制限は、高校野球だけでなくジュニア世代にも浸透しつつあります。そのような状況のなかで変わらなければならないのは、指導者やコーチの考え方であり、ピッチャーを専門職として育成するのではなく、極言すれば選手全員がピッチャーを務められる工夫をすることです。

野手をピッチャーとして活用することが求められる今後

今後は多くのカテゴリーや大会で、投球制限が取り入れられる予定です。その場合、これまでのピッチャーは専門職という考え方が通用しなくなります。投球制限というルールに対応するためには、野手もピッチャーをするという発想が求められると考えています。

野手とピッチャーの投げ方には違いがあります。野手は捕ってから素早く投げるため、早くボールをリリースします（リリースポイント

野手とピッチャーの違い① リリースポイント

ピッチャーの投げ方

大きく回し腕を大きく振って投げる

野手の投げ方

手首のスナップを使って素早く送球することが多い

が速い）。それに対してピッチャーは、もっとバッターより（前方）でリリースをします。

野手は素早く投げるために、手首のスナップを使うことが多いのですが、ピッチャーを務める場合には、できるだけ肩を大きく回し、身体の前でリリースするようにしましょう。この動きは外野手の返球と似ているため、動きがイメージできない場合には、外野からホームや各塁に返球してみましょう。

肩を大きく回すという点で考えると、外野手のほうがピッチャーを務めやすいかもしれません。

野手がピッチャーをするときのポイント

1. ヒジを高く上げる
2. ステップに勢いをつける
3. ステップしたほうのヒザを伸ばす
4. 腰と肩を一緒に回転させて投げる
5. 身体が開くときは握り方を工夫する
6. 基本はテンポよく、ときどきテンポを変える

このようなポイントに気をつけると、ピッチャー専門の練習をしなくても十分に通用する

ボールを変化させたりテンポを変えて投げる

もう1つの野手の投げ方の特徴として、身体が開きやすいことが挙げられます。これは味方がボールを捕りやすくするために、早めにボールを見せるという理由からですが、ピッチャーの場合はできるだけバッターにボールを見せたくありません。しかしここを修正しようとすると野手の動きに影響が出ることも考えらえます。身体が開いてしまう場合には、少し握りを変えたり、軽く挟んでみるな

野手が目指す投球スタイル

1. ツーシームや変化球主体の投球をする
2. ピッチャーとは異なるクセが生まれる
3. クセを活かして短いイニングを抑える
4. このようなピッチャーが多いと球数制限に対応できる

野手は短いイニングを抑えられれば十分であり、そのためにこのようなポイントに気をつけたい

どの工夫をし、若干ボールを変化させるとよいでしょう。真っすぐとこのような変化球があれば理想的です。また野手がピッチャーをする場合のよさに、テンポのよさがあります。ピッチャーはゆっくり投げていきますが、野手の場合は素早いテンポでポンポンと投げ込めます。また、ときにはテンポを変えたり、じっくりとタメてから投げるとさらに効果的です。このような工夫を交えることで、1～2イニングであれば、十分にバッターが打ちにくいボールを投げられるでしょう。

この章のまとめ＋α

この章の問題でポイントとなる要素をまとめています。

ピッチング基本の3原則

❶ 投球コースの変化

①横（左右）の揺さぶり ➡内角球と外角球など

②高低（縦）の揺さぶり ➡高目と低目など

③対角線の揺さぶり ➡内角高目と外角低目、内角低目と外角高目など

❷ 球道の変化

①同一方向からの揺さぶり ➡同一の軌道でのボールの変化（ピッチトンネル）

②反対方向からの揺さぶり ➡プレートの3塁側を踏んで外角や1塁側を踏んで内角など

③同じタイミングからの揺さぶり ➡ストレートを投げ、全く同じタイミングでスライダーやフォークボールを投げるなど

❸ スピードの変化

①球速の緩急による揺さぶり ➡速球とカーブなど

②投球フォームの緩急による揺さぶり ➡ゆったりとした大きな投球フォームで投げたり、クイック気味の小さな投球フォームから投げ込むなど

③投球間隔の緩急による揺さぶり ➡テンポよく投げたり、長くボールを保持してから投げるなど

ピッチャーのセオリー

❶低目にボールを集める
❷イニングの先頭をきちんと切る
❸無駄な四死球を出さない
❹ストライクを先行させる
❺調子のいいバッター、悪いバッターを見分ける(タイミングを見る)
❻相手チームをよく研究しておく
❼個々のタイプを研究しておく
❽球場や天候を考えた投球をする

状況を判断するためのポイント

❶アウトカウント
❷得点差
❸ランナーの有無
❹バッテリーの意図(ダブルプレーを取りたい、フライは打たせられない、など)
❺イニング
❻試合の流れ

より高いレベルではさらに

❶グラウンドの状態や大きさ
❷風向きや審判のクセ

☑ 配球のレベルを上げる４つの段階

配球術のレベルを上げるためには、次の4つの段階で身につけていくとよいでしょう。

段階1 状況の把握

➡状況判断力を上げる

➡バッターとピッチャーの心理状態と技術を把握する

段階2 バッターの把握

➡バッターの特徴を見抜き、特徴を踏まえた攻め方をする

➡その日のコンディションの良し悪しを早めに把握する

段階3 自分の把握

➡自分のコンディションの良し悪しを早めに把握する

➡相手バッターとの力量を比較する

段階4 新たな試みをする

➡セオリーから外れたことをする

➡バッターが予期せぬ攻め方をする

第2章

攻める配球の基本

QUESTION

問題 1

「1巡目での初球の入り方は?」

B
S
O
1巡目の
バッターに対して
理想的な初球は
何でしょうか

ANSWER

正答例

「結果を恐れず、勇気をもってストライクを投げ込む」

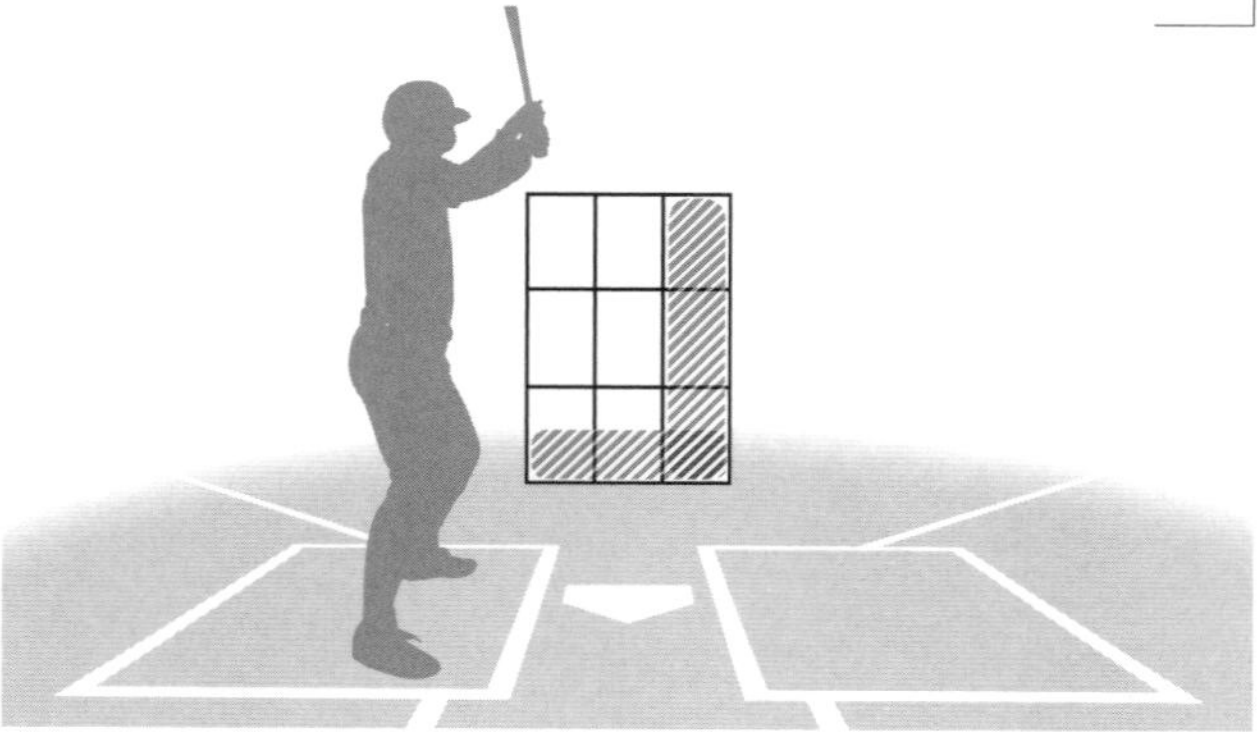

バッターに対して自分がしっかりとカウントメイクできるコースと球種を選択する

ブルペンで調子のよいボールを見つけておく

立ち上がりからコンディションが整っているピッチャーは、まずいません。バッターにとって序盤は狙い目であるため、コントロールや変化の甘さを狙ってきます。そのような状況で考えたいことは、バッターよりも自分のほうが上回っているボールで、確実にストライクを取ることです。

しいてあげると、基本となるのはバットが届きにくいアウトコースへの投球になりますが、その日

整えるために費やすイニング数の目安

➡基本的にはバッターが一巡する間に整えていくことが大切です。1回（イニング）を投げて、その回に修正をしていくことが普通ですが、自分のコンディションを整えたり、その日に使えるボールと使えないボールを見極めるためには、バッターが一巡するくらいの時間と投球数が必要だと考えます。『立ち上がりがよいピッチャーはいない』という原則を覚えておきましょう。

によいボールは試合前のブルペンで見つけます。練習から投げているボールのなかで、高低や左右のどのコースへ投げ込める確率が高いのかを確認しましょう。

　マウンドに上がったら、慎重になりすぎるのもよくありません。とにかくストライクゾーンに力が入ったボールを投げ込みます。結果的にボールになったり、打たれたり、得点につながってしまったとしても、立ち上がりでは引きずらないようにしましょう。「そのような結果になってもやむを得ない」と考えて試合に臨むことも大切です。

QUESTION

問題

2

「1巡目のバッターに対して2つ目のストライクの取り方は?」

B
S
O
1球目がアウトコースの
真っすぐだったとします。
2つ目のストライクを
取りに行くボールは
何がよいでしょうか?
1球目

ANSWER

正答例

「❶コースや球種を変える
❷1球目と同じボールを投げる」

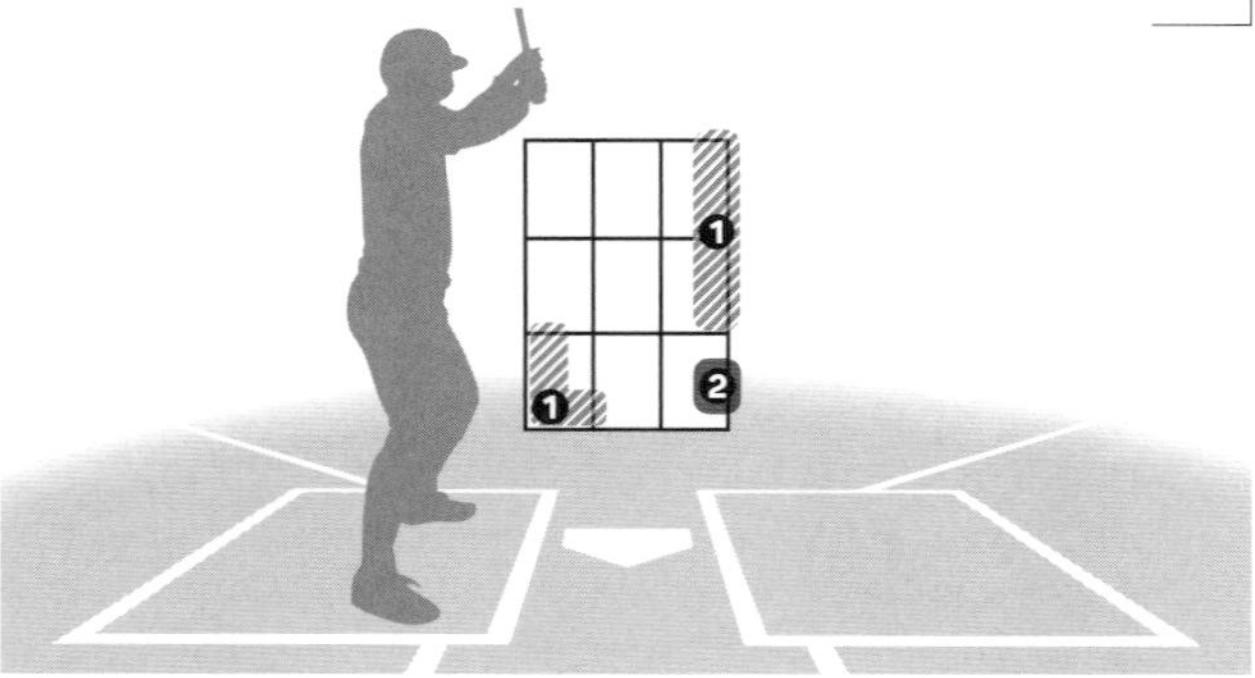

1球目がアウトコースの真っすぐだった場合、ブルペンでスライダーの調子がよければスライダー、制球がよければインコース、自信があれば1球目と同じボールといった選択ができる

調子がよさそうなボールを投げ込む

2つ目のストライクは本来、「遅れているか」「突っ込んでいるか」など、1球目のバッターの反応を見ることが大きな目的の1つです。例えば初球で見逃しのストライクを取った場合、2球目はほぼ振ってくると考えます。そして同時に1球目の見逃し方が、投じたボールを「狙っている」か「狙ってないか」で調整をし、2球目を選びます。しかしこのような配球はピッチャーのコンディションが整っ

試合前に配球プランを考えておく

➡基本的な考え方として、当日の試合前にその日の投球プランを考えておきます。このプランは裏付けがあって考えるというよりも、「今日は真っすぐがいいから真っすぐで押していく」「変化球の調子がいいから変化球で攻める」など感覚的な決め方で十分です。このプランをベースにピッチャーのコンディションを整えていきます。また事前に考えたプランが通用するかを試しながら投げると、2巡目以降のプランが立てやすかったり、ピッチャーが気持ち的に乗りやすくなったりします。

てから行うことであり、序盤はコンディションを整えることを優先します。そのためには事前にプランを立てることが必要（左上）で、上手くいくかどうかは別として、プラン通りに組み立てることが大事です。よく、決め球までを考えて配球すると言いますが、現代の野球では2ストライクを取った後にバッティングを変えてくることが多いです。そのため、まずは追い込むことを考え、その有利な状況からまた配球を考え直すことが良い打者と対した時に考えるべきことです。

QUESTION

問題

3

「1巡目のバッターに対しての勝負球や見せ球の選択とは？」

B
S
O
アウトコース狙いの
バッターに対して
どのような攻め方が
考えられるでしょうか?

ANSWER

正答例

「❶インコースを突く
❷高目の真っすぐで押す」

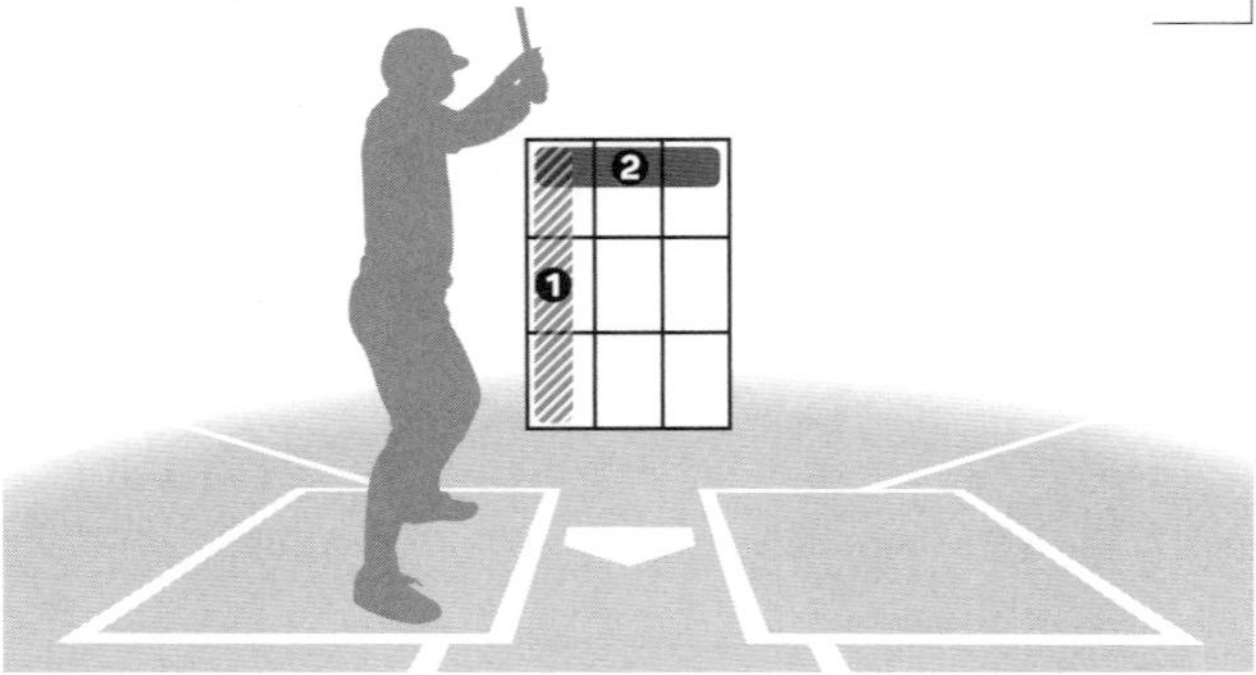

ランナーがスコアリングポジションにいなければ、バッターが嫌がるコースや狙い以外のコースで勝負をする。スコアリングポジションにいる場合は、ボール球で相手の狙いを図ったり、打ち損じを狙う

基本は遊ばずに勝負をする

0－2で遊ぶ必要はありませんが、ランナーがスコアリングポジションにいるときや警戒すべきバッターが打席にいるときは様子をうかがいながら勝負します。バッターは追い込まれるとバッティングを変えてきます。2ストライクになる前までは力強いスイングをしていても、コンパクトなスイングに切り替えてボールにバットを当てることを優先してきます。データを取ってみると0－2から2

カウント別のスイングから見た安打数

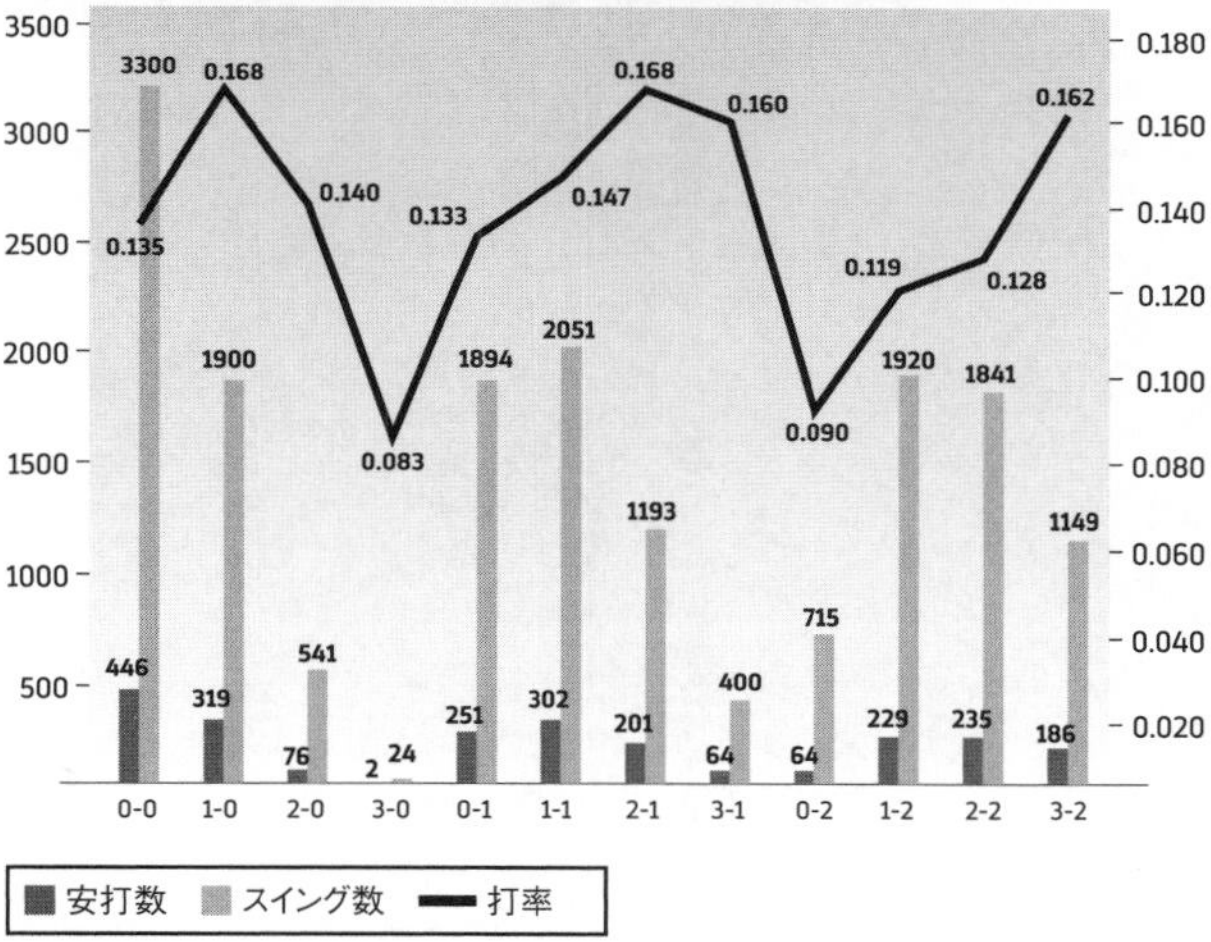

全カウントの安打数をまとめた表です。特にボールカウントが1つ先行している1ー0や2ー1、3ー2のときは、打率が高くなっています。

ー2になる確率が非常に高いのです。これはピッチャーとしては「ボール球が投げられる」、バッターとしては「狙い球を絞りつつ、きわどいボールはカット」といった戦術や心理的な要因が影響しています。単純にストライクからボールではなく、バッターが一番嫌がるボールを投げましょう。例えば「アウトコース狙いであればインコースをつく」「ポイントを後ろに置いているときは真っすぐで勝負」などです。それからボール球を交える場合には、フォアボールもやむなしと考えることも必要です。

QUESTION

問題 4

「1巡目のバッターに対しての3つ目のストライクの取り方は？」

B
S
O
真っすぐで
2ストライクに
追い込んだ後、
どのようなボールで
勝負することが
有効でしょうか?
2 球目
1 球目

ANSWER

正答例

「❶同じ軌道から変化する球種 ❷緩やかなカーブ」

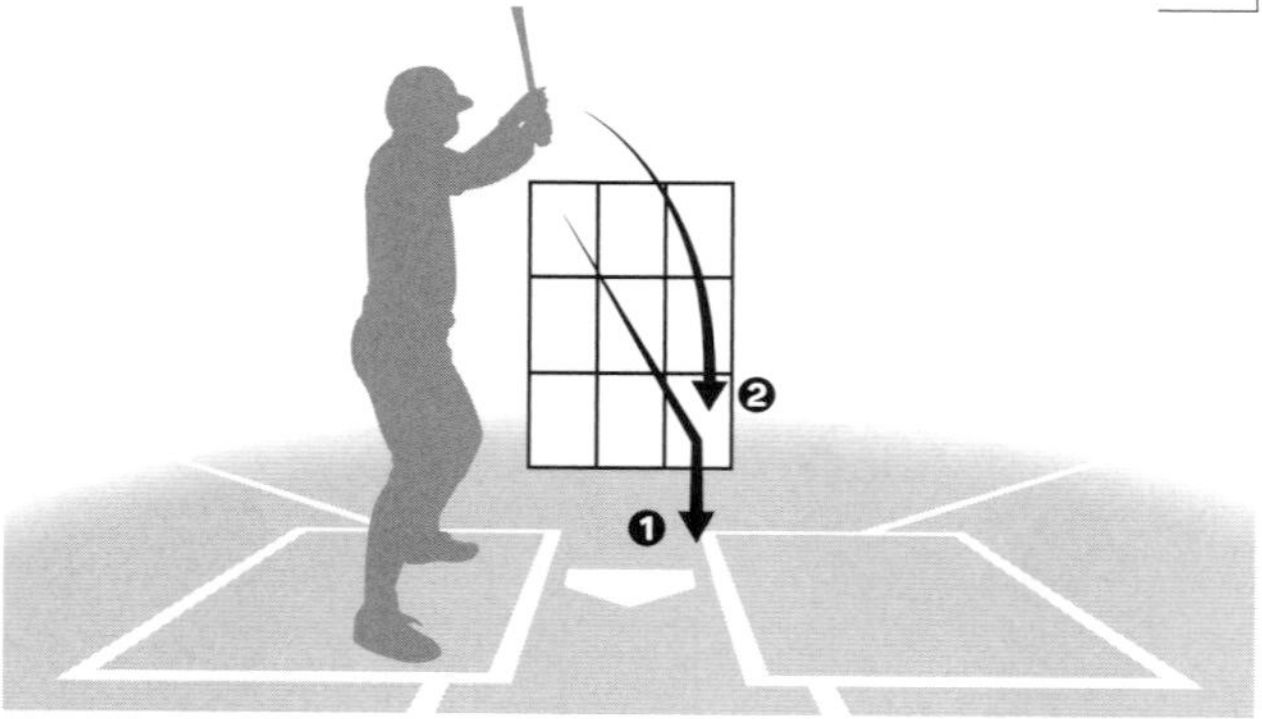

31ページで紹介した同じ軌道から変化するピッチトンネルが投げられるかがポイントになる。もしも投げられない場合は緩急をつけた変化球で勝負する

セオリーが変わっている このカウントでの組み立て

このカウントでは、ストライクからボールになる球種が理想ですが、単にストライクからボールではなく、それまで投じていたボールと同じ軌道から変化することがポイントです（31ページ）。

以前は単にストライクゾーンからボールゾーンに落としていく組み立てをしていましたが、近年は2ストライク後の打撃を変えてきたり、試合の経験からこのような組み立てを見慣れているため、通

このカウントの安打数

スイング数	安打数	打率
715	64	0.090

空振りを取る主な球種

球種	球数	割合
ストレート	1,277	42%
スライダー	1,251	41.1%
カーブ	317	10.4%
フォーク	84	2.8%
その他	114	3.7%

攻めていくピッチングでは、三振を狙うのも1つ。空振りを取るには、ストレートとスライダーが有効になる

用しなくなってきています。バッターからすると、「追い込まれたらストライクからボールになる球種で勝負にくるな」という予想を当たり前のように立てています。

そのようなバッターに対抗するためには、変化が小さいためにストライクゾーンからストライクゾーンになってもよいので、同じ軌道から変化をする球種を身につけたいものです。このような球種が身についていない場合には、真っすぐと変化球で20キロ程度の球速差がある、緩急をつけたピッチングが有効になります。

QUESTION

問題
5

2～3巡目で組み立てを変えるか否かの判断基準は何？

B
S
O
2巡目以降も
これまでの組み立てが
通用するか否かは、
どのように判断すれば
よいでしょうか?

ANSWER

正答例（2順目）

「❶今まで当てられなかったボールに当てられた
❷詰まったヒットが増えた
❸連打が出だした
❹振っていた球種が見極められるようになった。」

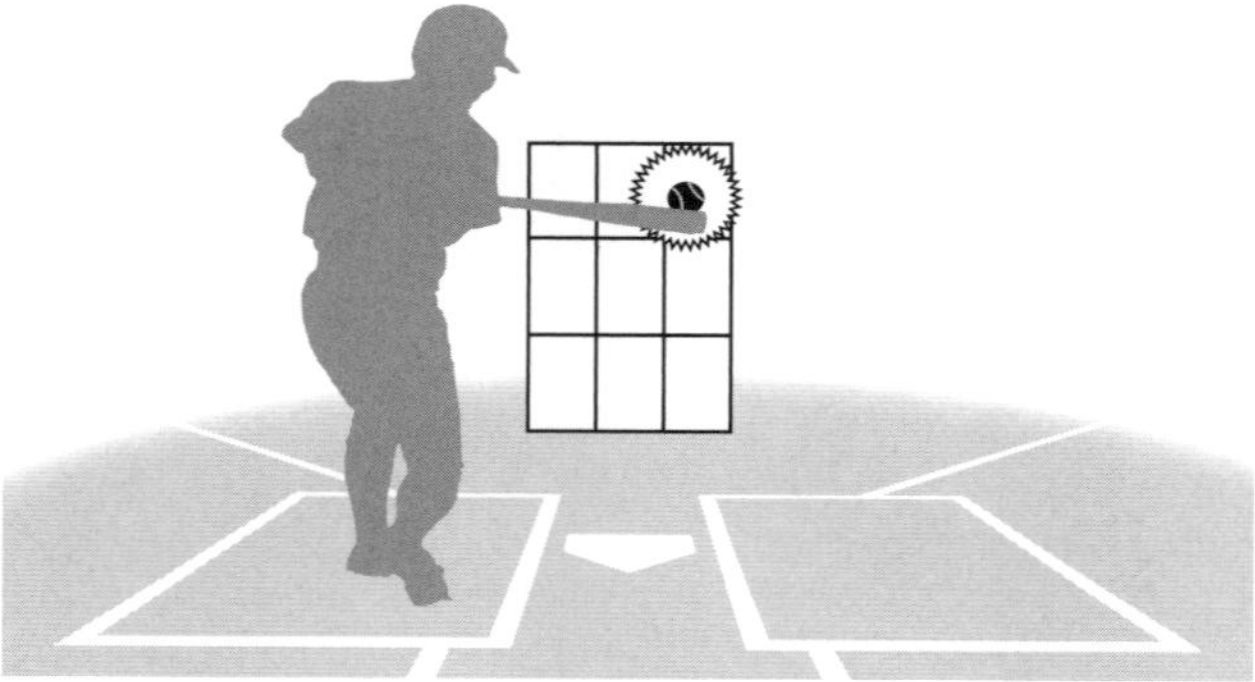

2巡目はピッチャーとバッターの力関係で判断ができる。
このような傾向が出てきたらピッチングの組み立てを変えたい

組み立てを変える場合の判断基準

2巡目以降は1巡目の組み立てから変えることが望ましいのですが、バッターのタイミングが合っていなければ1巡目の組み立てを続けてもいいでしょう。このタイミングが合っているか合っていないかの判断基準ですが、①今まで当てられなかったボールに当てられた、②詰まったヒットが増えた、③連打が出だした、④振っていた球種が見極められるようになった、などが挙げられます。3巡目にな

正答例（3順目）

❶フライで打ち取っていたボールが詰まったヒットになる

❷投じるボールに高さが出るようになった

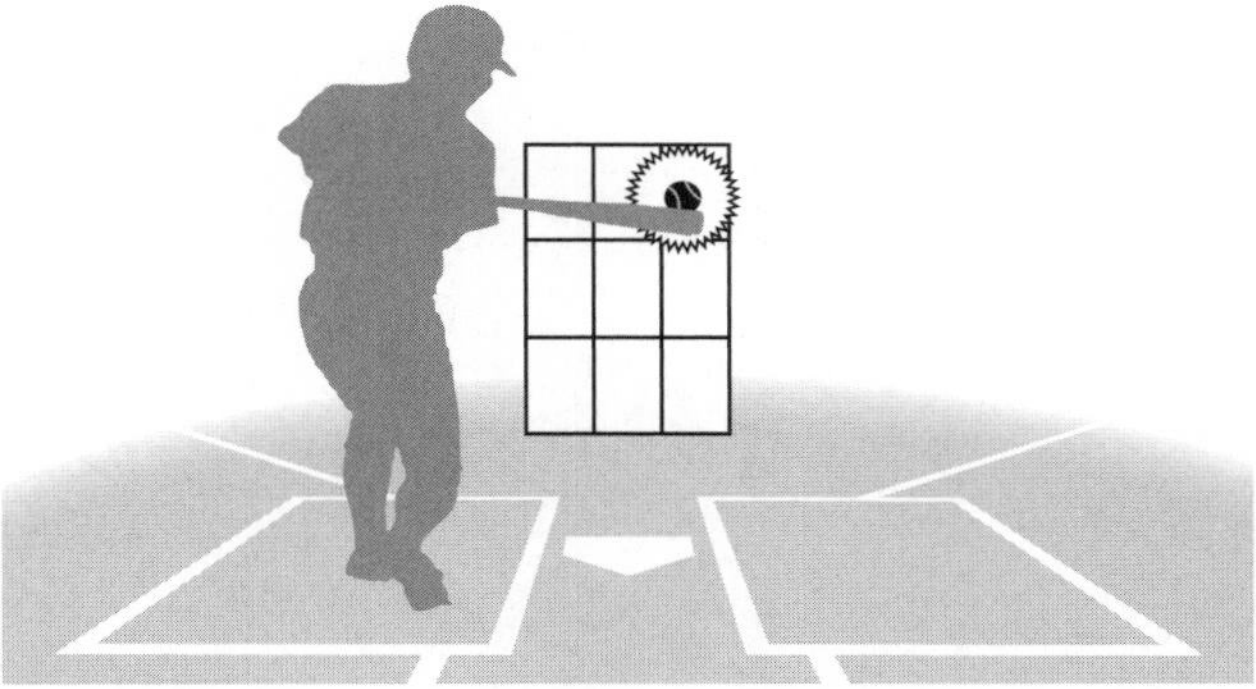

3巡目は球威が少し落ちてくるため、このような傾向が出てきたら組み立てを変えたい

るとピッチャーの球威が少し落ちる傾向が出てくると、2巡目まではフライだった打球が、詰まっているけどヒットになったりします。また球威がなくなってくると、沈んでいくボールを投げられていたのが、高さが出てくるようになります。ただし高目はコントロールが難しいため、「投球フォームが変わった」「バッターが立つ位置を変えてきた（対策を立ててきた）」など、コースだけでなく、総合的に判断をする必要があります。

　これらの兆候が表れたら、組み立てを変えたほうがいいでしょう。

QUESTION

問題

6

2〜3巡目のバッターに対しての
ストライクの取り方は？

B
S
O
2~3巡目で
1つ目と2つ目の
ストライクの取り方は
どうしますか?

ANSWER

正答例（2順目）

「❶ 1巡目と同じ組み立てで攻める
❷ 1巡目と異なる組み立てで攻める」

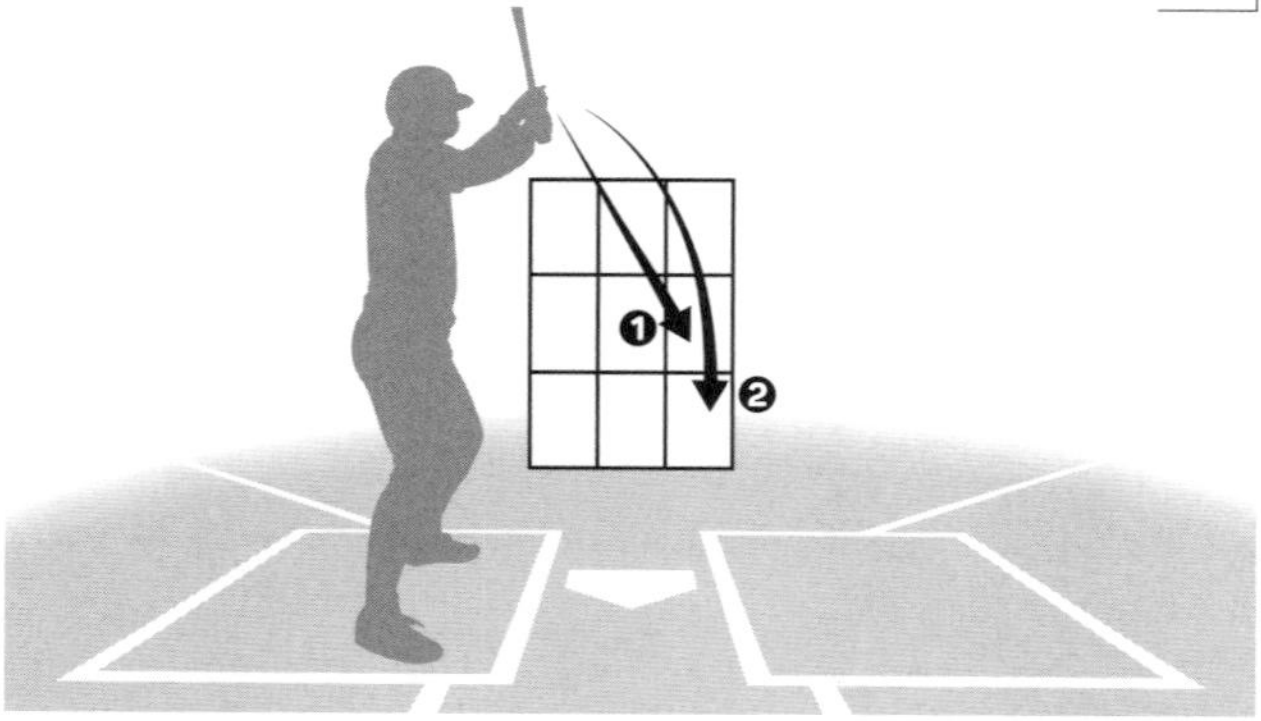

バッターのタイミングが合っていなければ❶、合ってきていれば❷と攻め方を変える。事前にプランを作っておくと精神的に楽に投げられる

3巡目は変化球の割合が増える

74ページで述べたように、状況によって1巡目の組み立てを続けるか、変えるかの判断をします。

2巡目であれば、1巡目で整えてきたコンディションが上がった状態でしょう。自分の得意な球種やコース、その日にいちばん調子のよい球種やコースで投げ込んでいきます。これまでの投球にタイミングが合っていなければ、より質が高くなった投球を使って、同じ組み立てで攻めていきます。3

正答例（3順目）

異なる3つの球種でストライクを取る
❶カーブ　❷真っすぐ　❸スライダー

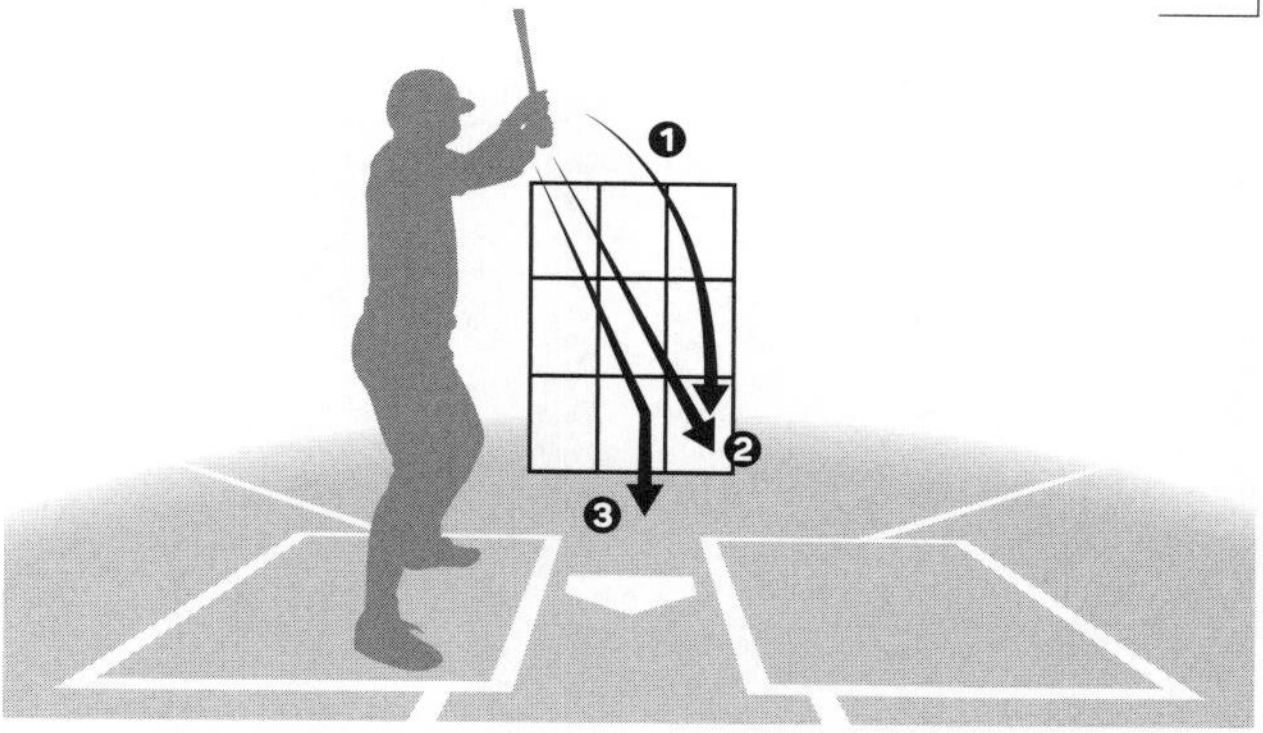

持っている球種とコースを駆使し、すべて異なる球種とコースでストライクを取っていく

巡目は注意が必要です。球威の低下や相手チームが対策を立てていることを想定し、３つのストライクをすべて異なる球種やコースで取れるようにしましょう。例えば真っすぐ、カーブ、スライダーを投げられる場合には、この３つの球種を組み合わせ、相手に打つボールを絞らせないようにしてストライクを取ります。真っすぐはボールの軌道がイメージしやすいため、３巡目になると攻略の糸口を見つけられる危険が高くなります。そのため変化球の割合を増やし、狙い球を絞らせない工夫をします。

QUESTION

問題
7

2～3巡目のバッターに対しての勝負球や見せ球の選択とは？

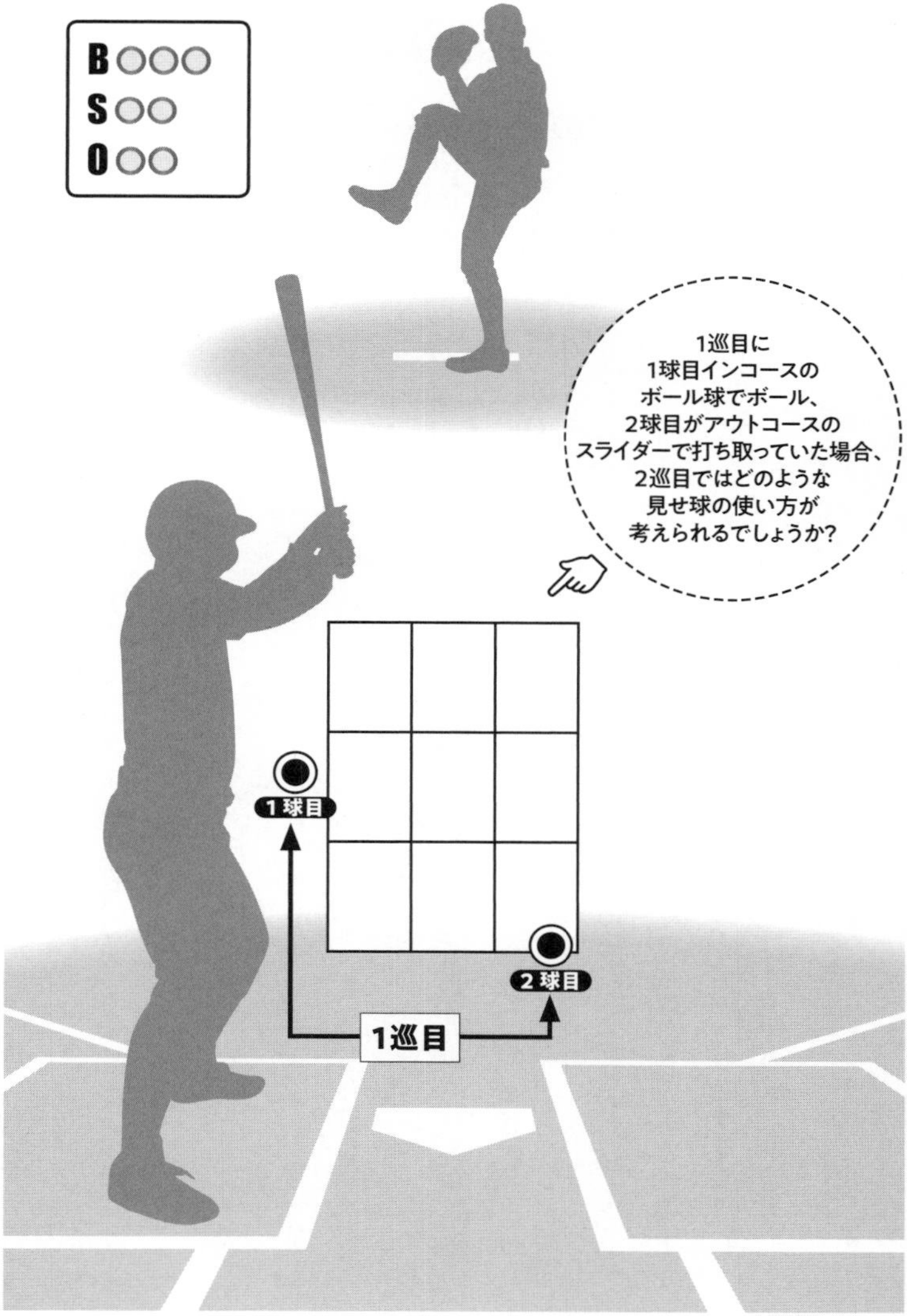
B
S
O
1巡目に
1球目インコースの
ボール球でボール、
2球目がアウトコースの
スライダーで打ち取っていた場合、
2巡目ではどのような
見せ球の使い方が
考えられるでしょうか?
1球目
2球目
1巡目

ANSWER

正答例

「インコースのボール球→インコースのストライクゾーン→アウトコースのスライダー」

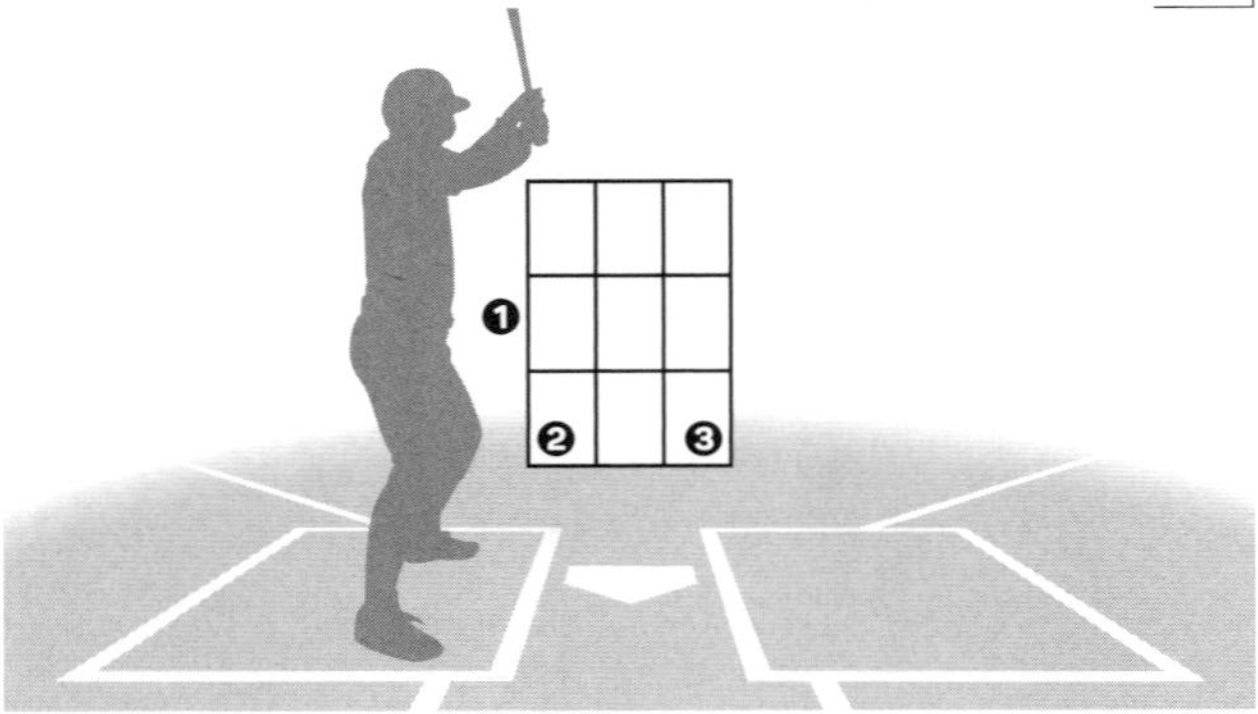

2球目の攻め方を変えることで、相手に「パターンを変えてきた」と思わせ、狙い球を絞らせない工夫をする

見せ球がとても重要になる

先ほどは2ストライクを取った後は打者はバッティングを変えてくると話ましたが、2巡目以降では打者の傾向もつかめますので、逆に決め球までの組み立ても考えやすくなります。見せ球を使う目的は、こちらの組み立てを悟られないようにするためです。例えば、1巡目はインコースのボール球→アウトコースのスライダーだった場合、インコースのボール球→インコースのストライクゾーン→ア

見送りストライクを取る主な球種

球種	球数	割合
ストレート	3,948	62.6%
スライダー	1,327	21.1%
カーブ	948	15.0%
フォーク	19	0.3%
その他	60	1.0%

ストレートのストライクコース

コース	球数
外角	3,948
真ん中	1,254
内角	1,779

2005-2007甲子園大会より（以降同）

バッターは初球をストライクかつストレートと予想してくることが多いが、見送る球種としてもストレートが圧倒的に多くなる。またコース的には外角が多い。また少し古いデータだが、現在でもこの数値にはほとんど変化がない

ウトコースのスライダーのようにパターンを変えます。基本は真っすぐと変化球を低目に投げ分けることですが、あえて高目の勝負球を交えたり、変化球でバッターのポイントを前に出しておいてから真っすぐで勝負したり、投球のリズムやテンポを変えることも有効です。また1巡目と同様に、ランナーがスコアリングポジションにいる場合や、警戒すべき力のあるバッターが打席にいるときは注意が必要です。けん制を入れたり、テンポをずらしながら、慎重になり過ぎずに勝負をしていきます。

QUESTION

問題
8

「2～3巡目のバッターに対しての
3つ目のストライクの取り方は？」

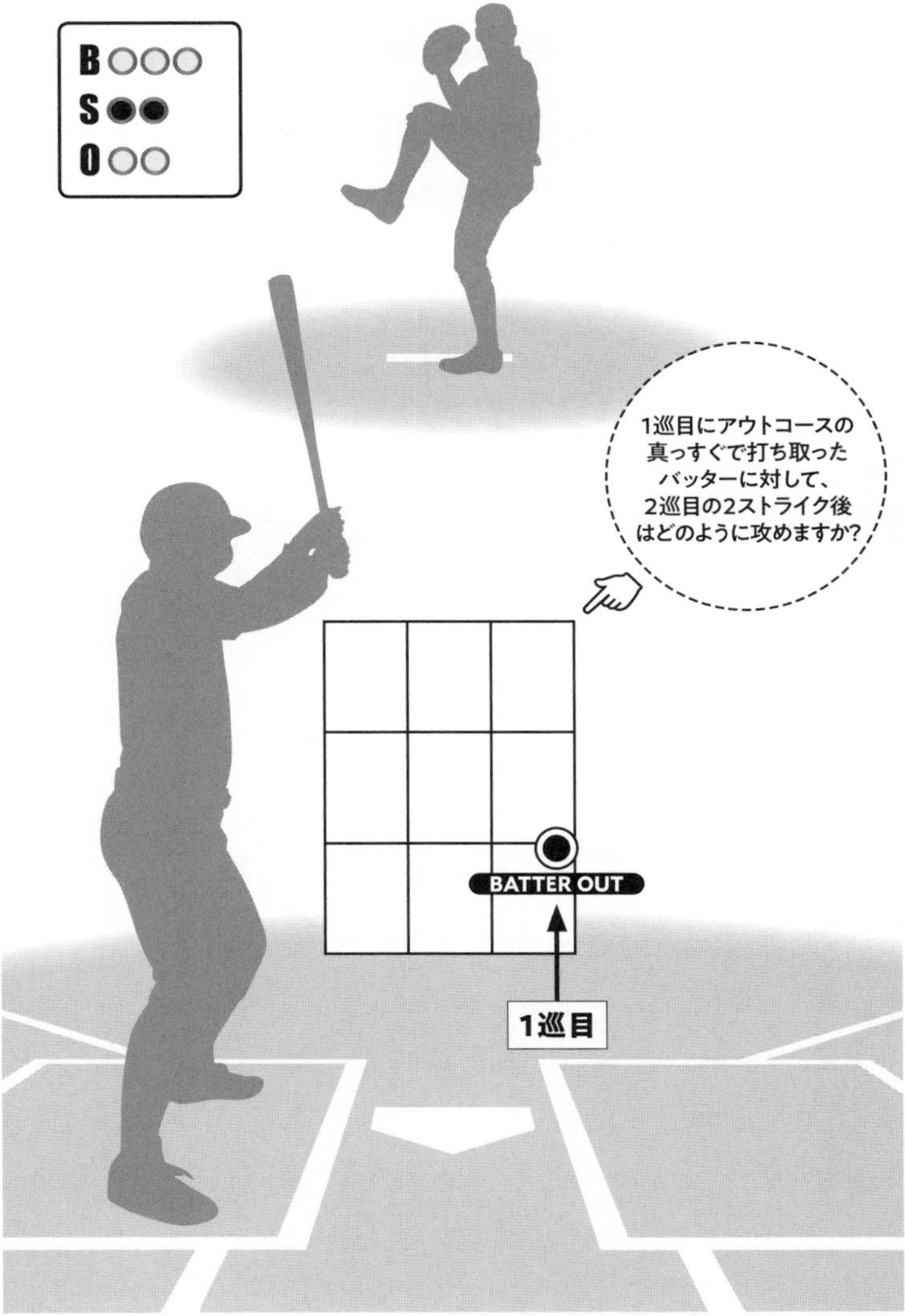
B
S
O
1巡目にアウトコースの
真っすぐで打ち取った
バッターに対して、
2巡目の2ストライク後
はどのように攻めますか?
BATTER OUT
1巡目

ANSWER

正答例

「❶コンディションがよければ同じ決め球で攻める

❷裏をかいてインコースのストレート」

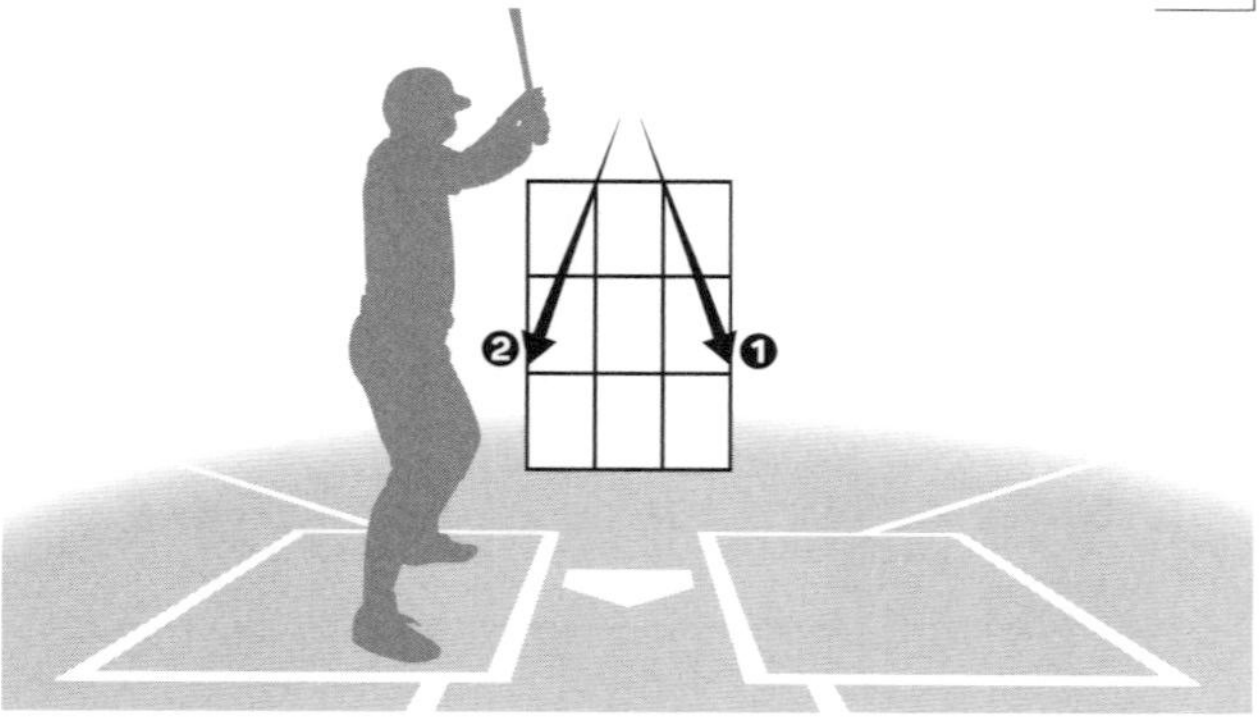

コンディションがよければ決め球を変える必要はないが、
あえて裏をかく組み立ても有効になる

インコースを有効に使う

アウトコースの低目は一番バッターから遠く、安全と考えるバッテリーが多いでしょう。この考え方は間違っていませんが、2〜3巡目になると踏み込んでアウトコースを打ってくるバッターが増えてきます。特に3巡目以降は、必ず踏み込んでくると見越して、しっかりとインコースを使うことが重要になります。

バッターはインコースを投げられると、早めにコースや球種を判断するという作用が働きます。そ

⚠よくないインコースの使用例

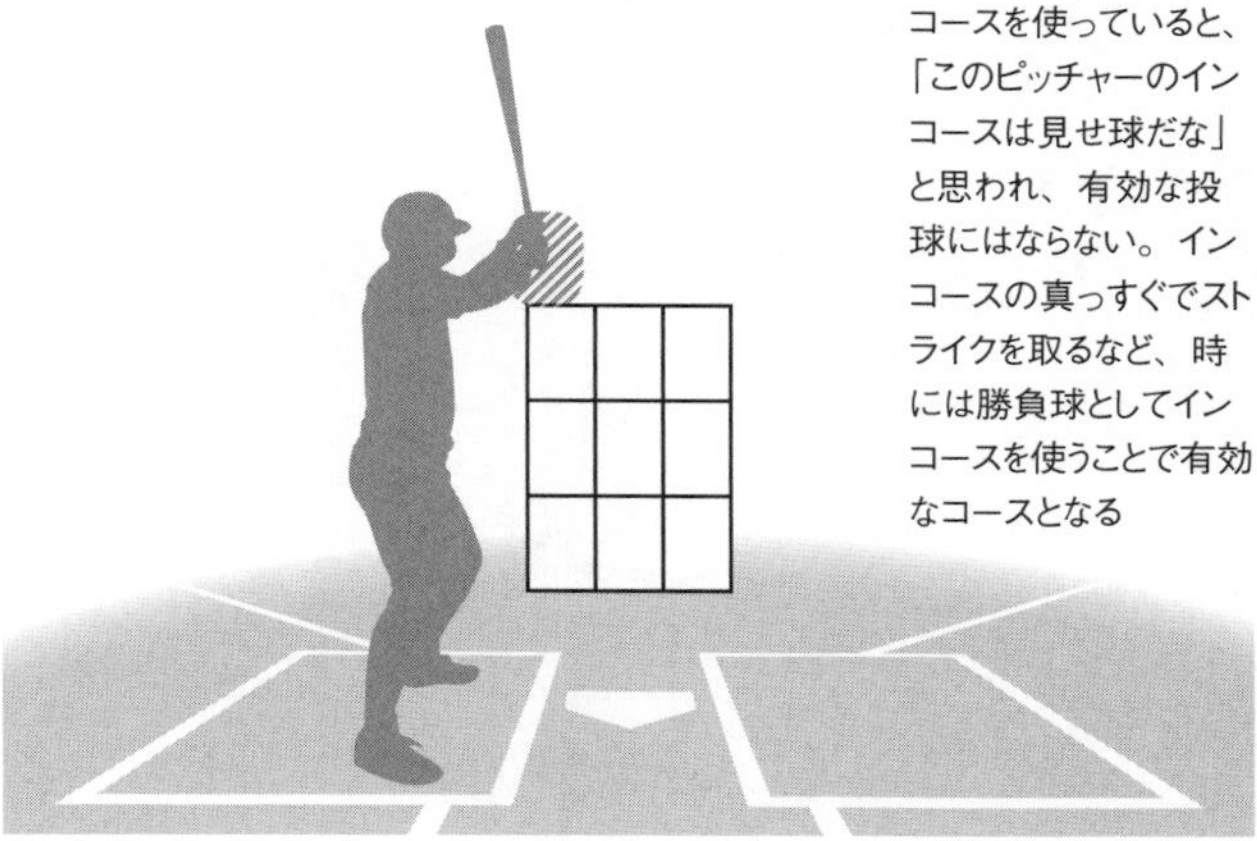

はっきりボールとわかるような見せ球としてインコースを使っていると、「このピッチャーのインコースは見せ球だな」と思われ、有効な投球にはならない。インコースの真っすぐでストライクを取るなど、時には勝負球としてインコースを使うことで有効なコースとなる

のように判断を早めさせておき、アウトコースで勝負するといった攻め方は有効になります。

インコースを避ける組み立てが多い理由の1つに、ボールがバットに当たりやすいことがあります。アンラッキーな当たりやデッドボールになることも出てきます。この点を恐れてインコースを避けていると、インコースの使いどころがわからなくなってしまいます。特に得点圏にランナーがいないなど大勢に影響がないシチュエーションでは、ゲームの中で「試す配球」も覚えていきましょう。

Q U E S T I O N

問題
9

「4巡目以降のバッターへの初球の入り方は?」

B
S
O
4巡目のバッターに
対して理想的な
初球は何でしょうか?

ANSWER

正答例（当たっているバッター）

「勇気をもって勝負を避ける」

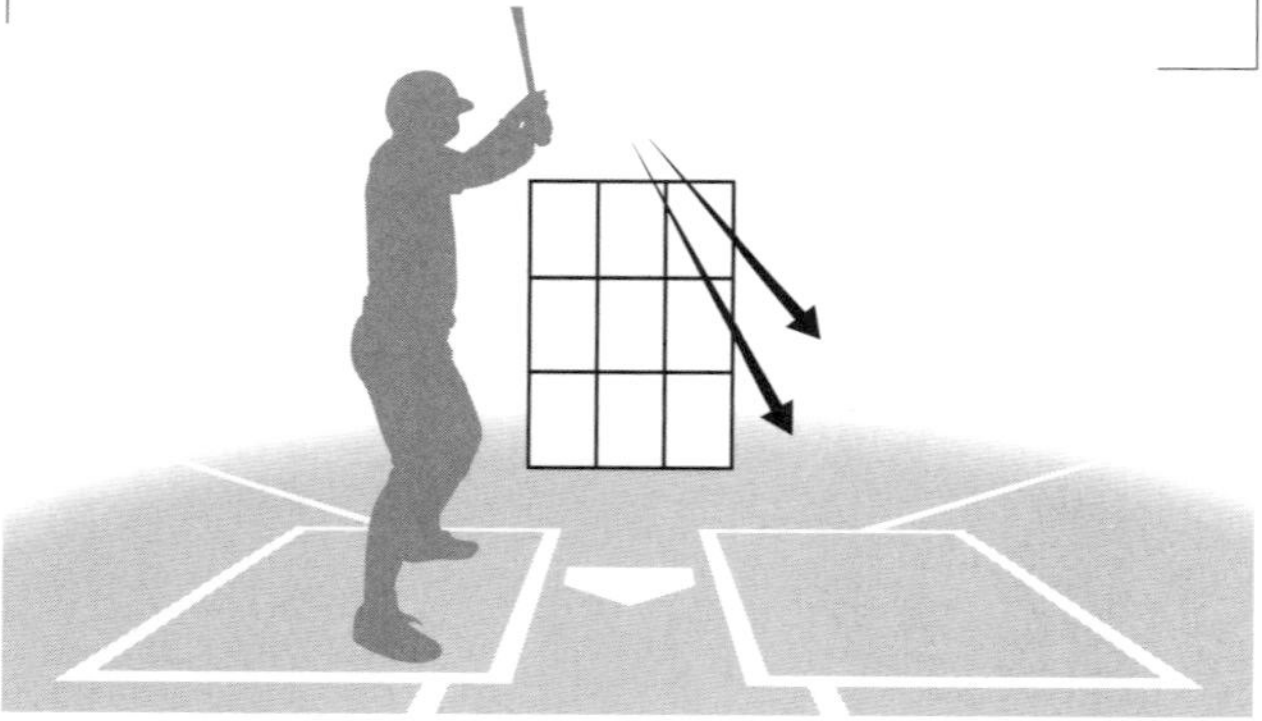

4巡目は球威が落ちている可能性が高いため、固め打ちをされているバッターに
対しては、その前にランナーを出さないように踏ん張り、
勝負を避けるという選択を考える

その日の当たりによって勝負をするか否かを選択する

4巡目は完投するペースです。ここまで長いイニングを投げる場合で大事になってくるのは、その日に当たっているバッターとそうではないバッターを分けて勝負をすることです。とくに2本や3本の安打を打っている、いわゆる固め打ちをしているバッターに対しては、基本的には勝負を避けたほうがいいと判断します。このようなバッターは「打ち取った」と思っても、飛距離が伸びて守備間にボ

正答例（当たっていないバッター）

「高目のボール球でスイングを浮かせる」

バッターの打ちたい心理を使用して、高目にボール球でスイングを浮かせる。
そうすることで、2球目に低目の変化球を投げるといったコンビネーションが使える

ールが落ちるなどの打球になることもあるからで、このようなバッターの前にランナーを出さないことも大切です。勝負を避けるというとマイナスなイメージがありますが、勝つための戦術としてこの選択をする勇気も必要になります。

そうではないバッターに対しては、ボールの使い方が大事になります。特にバッターの「打ちたい」という心理を利用した高目のボールが重要で、高目でスイングを浮かせておいて、低目の変化球で勝負といったコンビネーションができれば、抑えられる確率が上がります。

QUESTION

問題
10

「4巡目以降のバッターの2つ目のストライクの取り方は？」

B
S
O
4巡目のバッターに
対して効果が高い
2つ目のストライクの
取り方は何でしょうか?

ANSWER

正答例

「ファウルを打たせる」

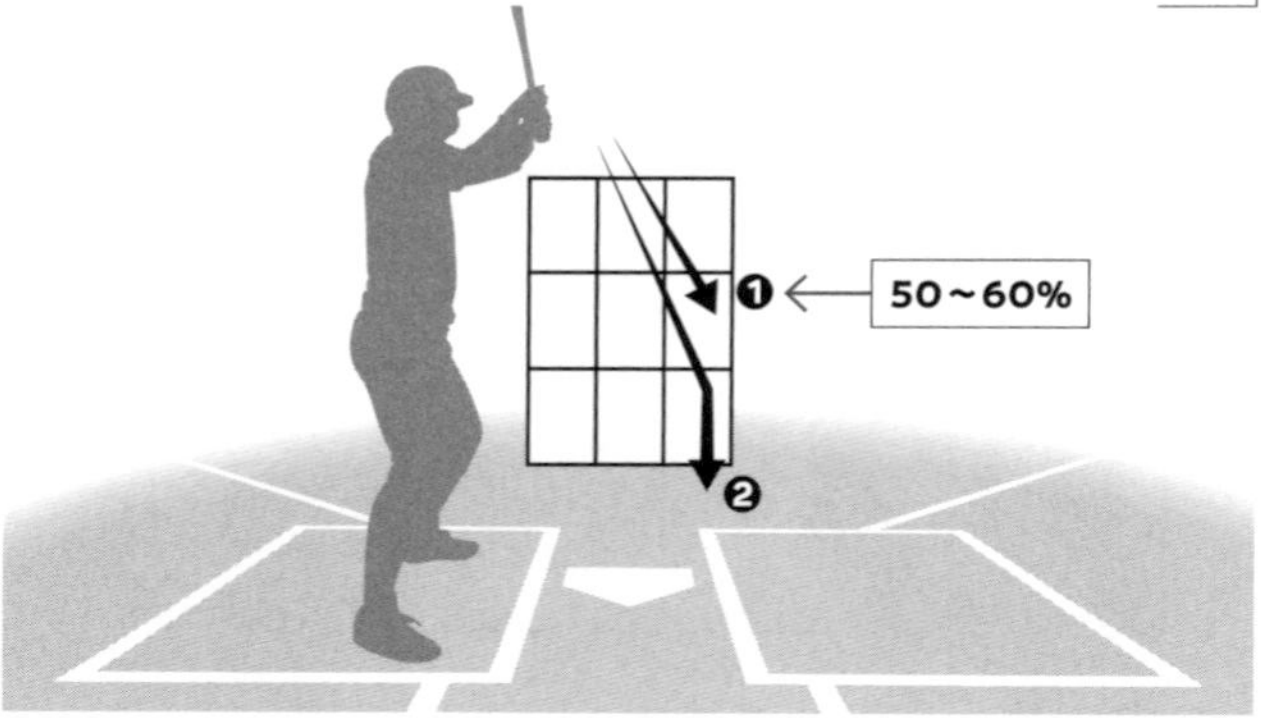

力を抑えた真っすぐやツーシームを投じてファウルを打たせ、
その際のスイングでインコースかアウトコースかの判断をする

ファウルを打たせて傾向を見抜く

　ここでは、92ページで紹介した以外の組み立ての例を紹介します。3巡目まであまり当たっていないバッターに対しては、ファウルを打たせることが有効です。ファイルによってバッターのスイング傾向がわかりますので、引っ張るスイングをしていればアウトコースで勝負をし、押っ付けるスイングをしていればインコースで勝負をします。ファウルを打たせる投球ですが、直球寄りのツーシームがお

即席ツーシームの投げ方

メジャーで主流のツーシームですが、日本とアメリカではボールが異なるため、日本ではコントロールが難しい球種になります（※）。しかしファウルを打たせたい場面ではこの変化が非常に有効です。写真はフォーシームの握り方ですが、この握りから親指の位置を手前側にずらすことで、抜けるような投げ方ができます。

※日本はボールの縫い目が高いため、大きく変化する。そのためストライクゾーンに入れることが難しい。一方でアメリカのボールは縫い目が低いため変化が小さく、バッターの手元で変化するために非常に捉えにくい球種になる。

薦めです。直球寄りというのは少しだけ、シュートするように投げるのですが、若干親指を人差し指側に寄せて握り、胸郭を回旋させて右打者のインコースに投げ込みます。これで、3塁側へのファウルが多くなり、結果としてファウルになるケースが増えます。あえて力を抑えて投げるため度胸が試されますが、このような大胆な投球も有効です。またツーシームでシンカー気味に落としていくと、ファウルを取りやすくなります。ツーシームについては、上の説明も参考にしてください。

QUESTION

問題

11

4巡目以降のバッターに対して有効な勝負球と見せ球とは？

B
S
O
4巡目以降の
バッターに有効な
勝負球や見せ球を
考えてみましょう。

ANSWER

正答例

「❶高目のボール球→低目の変化球
❷インコースとアウトコースの
左右のコンビネーション」

これまでに紹介した❶のパターンは効果が高いが、
❶の投げ分けが難しいときは❷という選択肢もある

上下や左右のコンビネーションで勝負する

高目のボールで浮かせてから低目の変化球はこれまでも紹介しましたが、それほど有効性が高いものです。4巡目はバッターの狙い球がはっきりしてきます。またピッチャーが4巡目まで投げるということは、バッターがそこまで打てていないということになり、バッターの心理としては積極的に振ってくるケースが増えるということです。また近年は下からバットを出すスイングが増えているため、

高目のボール球は難しい

力を入れながら上向きに投げることは難しいため、高目のボール球をしっかりと投げられるピッチャーはあまりいません。少しヒジを出してボールにバックスピンをかける投げ方を、日頃から練習しておきましょう。

高目がより有効になります。

この高目から低目のコンビネーションが投げられない場合は、インコースとアウトコースの、できるだけホームベースの端に投げていくコンビネーションを使います（18ページの左右の揺さぶり）。このときに気をつけたいのは、コースをついたはずがストライクゾーンに入ってしまうことです。コントロールの精度に難がある場合は組み立てを変え、ストライクからボールになるカーブを見せ球にするなど、いつもと違う発想の組み立てをしましょう。

QUESTION

問題
12

「4巡目以降に3つ目のストライクを取るためには?」

B
S
O
4巡目のバッターを
2ストライクまで
追い込んだ後、
どのように勝負をすれば
よいでしょうか?

ANSWER

正答例

「❶タイミングが合っていない球種やコースで勝負する
❷❶がわからなければ勝負球を連投する」

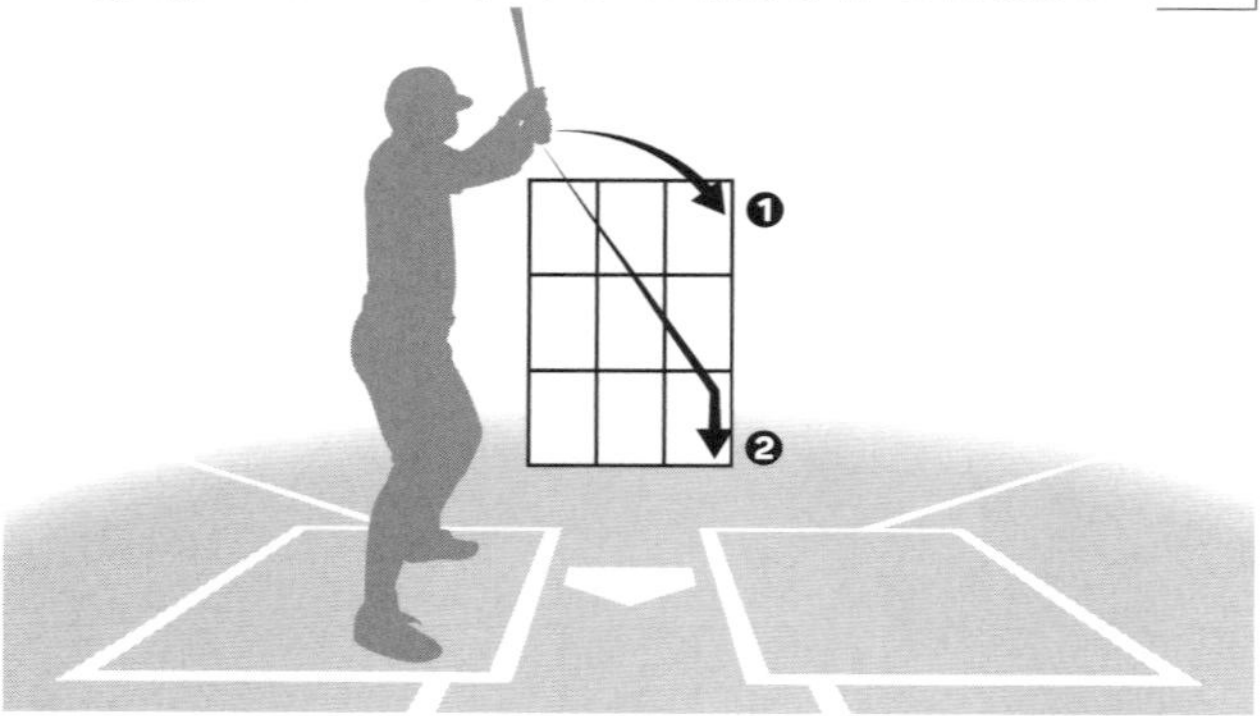

これまでタイミングが合わずに打たれていない球種やコースは有効な可能性が高い。タイミングが合わない球種やコースがわからなければ勝負球（得意球）を連投する

バッターに狙い球を絞らせない

4巡目ということは、バッターはこれまで修正するチャンスが3回あったということです。そしてそれでも打てないということは、バッターの修正能力に対してピッチングが勝っていると考えられます。そのため、これまでに打ち取ってきたボールが有効だと判断できます。

本来、配球の組み立てでできることは、バッターに狙い球を絞らせないことです。これまでタイミ

右バッターから見送りストライクを取る球種

	右ピッチャー		左ピッチャー	
	球数	割合	球数	割合
ストレート	1498	56.4%	458	66.5%
スライダー	751	28.3%	114	16.5%
カーブ	387	14.6%	114	16.5%
フォーク	4	0.2%	0	0.0%
シュート	5	0.2%	0	0.0%
チェンジアップ	3	0.1%	0	0.0%
シンカー	3	0.1%	1	0.1%
スクリュー	0	0.0%	2	0.3%
不明	5	0.2%	0	0.0%

ストレートの比重が高いことがわかるが、とくに右対右の場合には、ストレート一辺倒だとなかなか見送ってもらえないこともこの表からうかがえる

ングを外してきた球種やコースがわからなければ、勝負球を連投することが有効です。勝負球はバッターを打ち取れる可能性が高いことも理由の1つですが、それ以上に「勝負球の連投」という組み立てはこれまで使っていなかった戦法になります。その結果、相手に狙い球を絞らせないことになるのです。ここでいう勝負球とは、変化球を意味します。真っすぐはコースが読まれやすいため、捉えられる危険が高くなります（上の表）。得意な変化球を連投しつつ、ときどき真っすぐを混ぜていきます。

☑左バッターから見送りストライクを取る球種

103ページでは右バッターから見送りストライクを取る球種を紹介しましたので、ここでは左バッターから見送りストライクを取る球種を紹介します。表を見るとストレートの比重が高いことがわかりますが、とくに右対左の場合には、ストレート一辺倒だとなかなか見送ってもらえないこともこの表からうかがえます

左バッターから見送りストライクを取る球種

	右ピッチャー		左ピッチャー	
	球数	割合	球数	割合
ストレート	1370	65.9%	622	68.0%
スライダー	364	17.5%	134	14.6%
カーブ	297	14.3%	150	16.4%
フォーク	14	0.7%	1	0.1%
シュート	4	0.2%	1	0.1%
チェンジアップ	8	0.4%	1	0.1%
シンカー	17	0.8%	0	0.0%
スクリュー	0	0.0%	0	0.0%
不明	4	0.2%	6	0.7%

ストレートの比重が高いことがわかるが、とくに右対左の場合には、ストレート一辺倒だとなかなか見送ってもらえないこともこの表からうかがえる

第3章

状況に応じた配球

QUESTION

問題

13

「ランナー1塁での投球は？」

1塁に
ランナーがいる場合に
バッターとランナーの
心理も踏まえて、
どのような工夫が
できるでしょうか?

A N S W E R

正答例

「❶初球はカーブでストライクを取る
❷その後真っすぐと速い変化球の
組み合わせで勝負する」

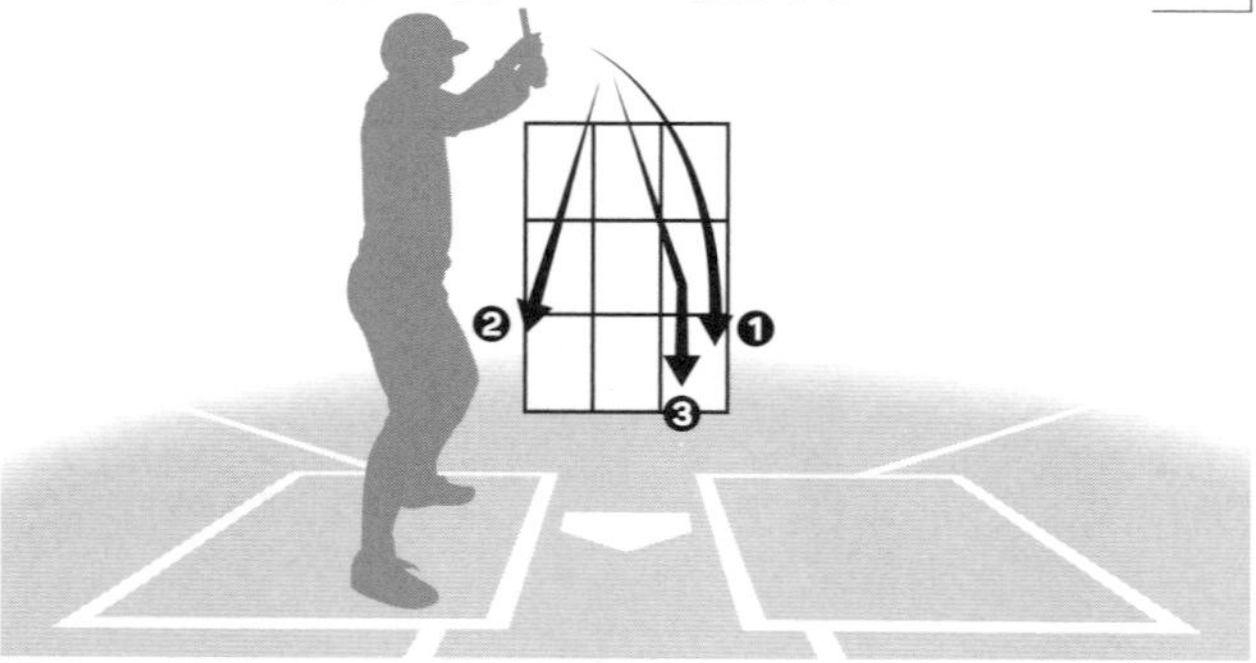

初球のカーブは、真っすぐを狙っているバッター、
盗塁のタイミングを計ろうとするランナー両方の意表をついた1球になる。
ランナーに対して神経質にならずに、バッターを優先して投げることも必要

変化球の使いどころを考える

ランナーがいる場合はクイックで投げますが、クイックは必ず球威が落ちます。ほとんどのピッチャーは３km／hほど、球速が落ちる幅が大きいピッチャーは５km／hくらい球速が下がります。その場合は変化球の使いどころが重要になってきます。１塁にランナーがいると盗塁も考えられるため、球速が遅い変化球はなるべく投げたくないということがピッチャーの心理です。しかしバッターはピッ

クイックに固執しない

➡クイックはランナーに対してメリットがある投げ方です。1.25秒以内にキャッチャーへ投げ込めたら、ほぼアウトが取れる計算になります。またクイックでは少しボールが高目にいく傾向があり、低目に投げにくくなります。そうなると速い変化球を持っているかがポイントになります。
またアウトカウントが1つ以上ある場合、2ストライクまで追い込んだら、多少大きなフォームになってもバッターを優先すべきだと考えます。ピッチャー経験のない指導者はクイックで早く投げることを優先させがちですが、1アウト2ストライクの場面でバッター優先で投げれば、ランナーに走られても2アウト2塁などの局面で終わりますので、あまり神経質にならないほうがよいのです。

チャーの心理がわかっているため、真っすぐに狙いを絞ってきます。この駆け引きをどうするかがポイントになります。またランナーからすると、ピッチャーが何球か投げるなかでタイミングを計り、盗塁を仕掛けられるかを判断します。この場合、早めのカウントで変化球を使うことが大事になります。例えばカーブは球速が遅めの球種になるため、ランナーがいると使いづらいのですが、初球で投げ込むとバッターの意表をつけ、ランナーはタイミングを計ろうと走らないため、有効な1球になります。

QUESTION

問題
14

「ランナー2塁での投球は?」

2塁に
ランナーがいる場合は
どのような工夫が
必要でしょうか?

ANSWER

正答例

「低目に少し変化するボールを投げ込む」

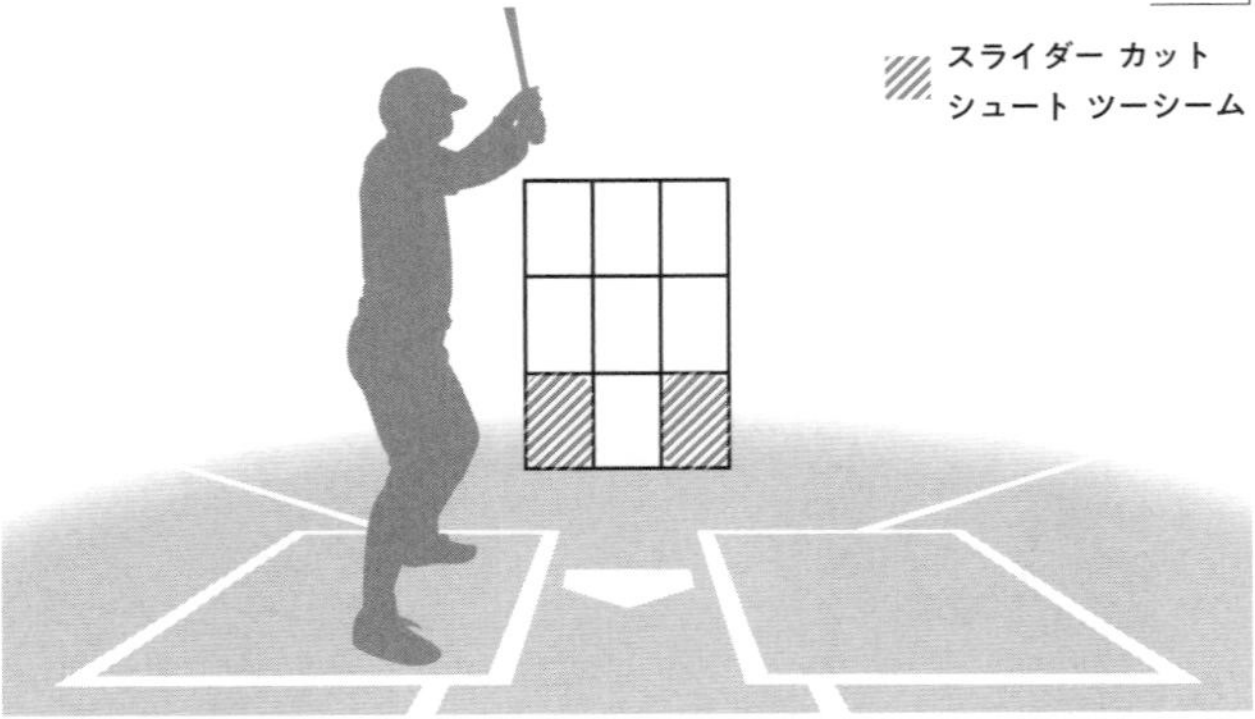

ゴロを打たせるために、バッターのベルトから膝元辺りにボールを集める。
またセンター返しを防ぐために左右に投げ込む

センター返しを防ぐ組み立てをする

ランナーが2塁にいる場合は、基本的に低目に投げることを優先してゴロを打たせることが大事です。さらに言えばインコースとアウトコースにしっかりとコントロールして投げ込んでいくことが重要になります。ベルトから膝元にかけてやや沈むスライダーやカット系のボールや、シュート・ツーシーム系のボールがあるとゴロを打たせやすくなります。続けて低目に投げ込んでいくことが有効で

ランナー2塁からホームまでの走る時間

平均7秒後半　速い選手で7秒前半

各守備位置からホームまでの距離

●センター 約60m　●レフト・ライト40～50m

➡センターとレフト・ライトでは10~20mほどの差がある

➡この差は時間にして0.1~0.2秒

➡0.1秒で進む距離はカテゴリーによって異なるが、おおよそ50~70cm

この差が得点を取られるかどうかの分かれ目になるため、レフトやライト方向に打たせたい

す。インコースとアウトコースのコントロールをしっかりする理由は、2塁ランナーがホームに返ってくるときに最も多い打球方向がセンター前だからです。センター前は最もホームまでの距離が長いため、ランナーが帰ってきやすいのです。それ以外のレフト前やライト前のヒットが得点につながることは、高校野球や大学野球でもほとんどありません。

そう考えると、まずはゴロを打たせる配球の組み立て、そしてセンター返しをさせないコースへの投球を優先していきます。

QUESTION

問題
15

「ランナー3塁での投球は?」

3塁に
ランナーがいる場合は
どのような工夫が
必要でしょうか?

ANSWER

正答例（フライを打たせる）

「アウトコース側の高目で浅いフライを打たせる」

外野フライは得点につながってしまうため、
浅いフライで打ち取ることを狙いたい

浅いフライを打たせてランナーを進めない

この場面でゴロを打たれると、内野間を抜かれる危険があるため、落ちるボールで三振か、内野フライや浅い外野フライで打ち取りたいものです。そのためには、力まずにボールにスピンをかけるようにした高目のボールをしっかりと投げ込みます。高目のボールに対するバッティングで意外と多いのは、「外野フライを狙って手を出したものの、内野フライで終わる」というパターンです。それを狙う

正答例（三振を狙う）

「❶ 緩いボールや少し抜いたボールを投げてバッターを前のめりにさせる

❷ 一番速いボールを高目いっぱいに投げる・低目から落とす」

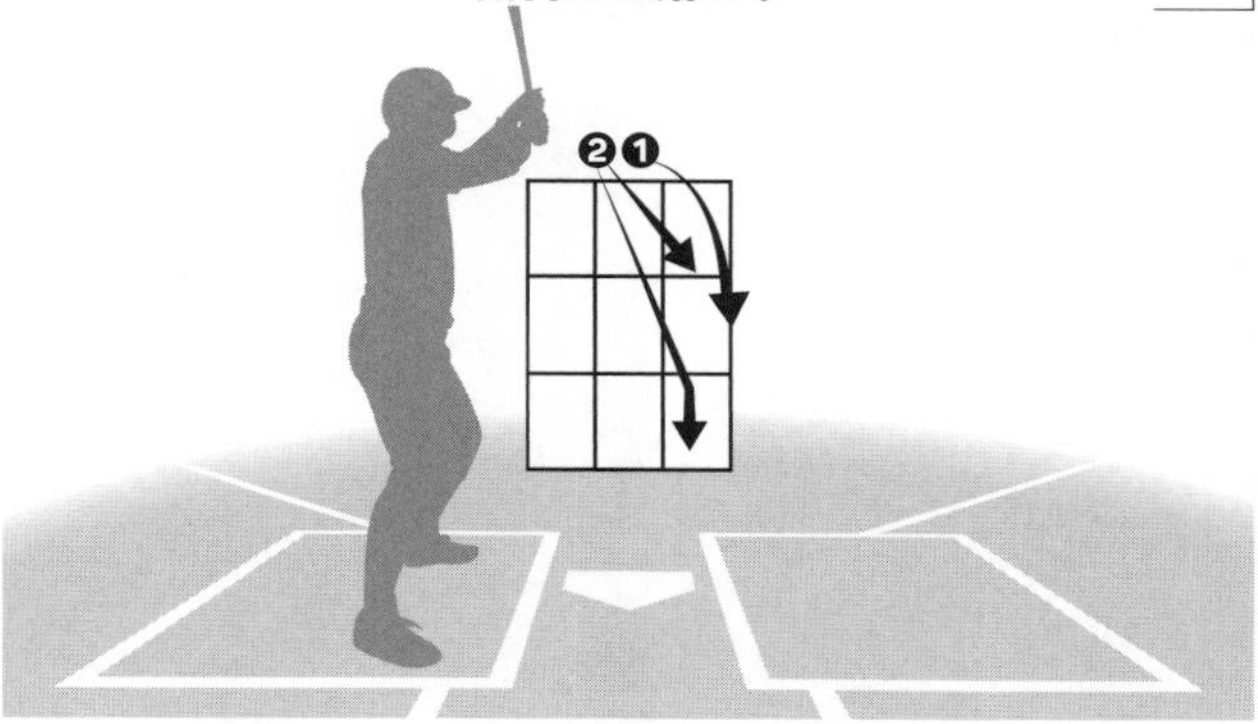

高目のボールで仕留める場合は球威が必要になるため、
しっかりとスピンをかけて投げる

のです。コースとしては極端なインコースではなく、真ん中の少し外目辺りのほうが効果的です。このコースはバットのヘッドが下がるため、内野フライや浅い外野フライに打ち取れる確率が高くなります。アンダーハンドのピッチャーは特に内野フライを狙いましょう。緩い変化球を高めに投げて、バットが下にもぐるようにすると内野フライが取れます。また、低目をついていき内野ゴロで仕留めるということも考えられます。三振を狙う場合には低目からさらに落ちる変化球が有効です。

QUESTION

問題 16

ランナー1、2塁での投球は?

1、2塁に
ランナーがいる場合に
失点を防ぐためには
どのような工夫が
必要でしょうか?

ANSWER

正答例（ゴロを打たせる）

「ベルトから膝元辺りの低目に投げ込む」

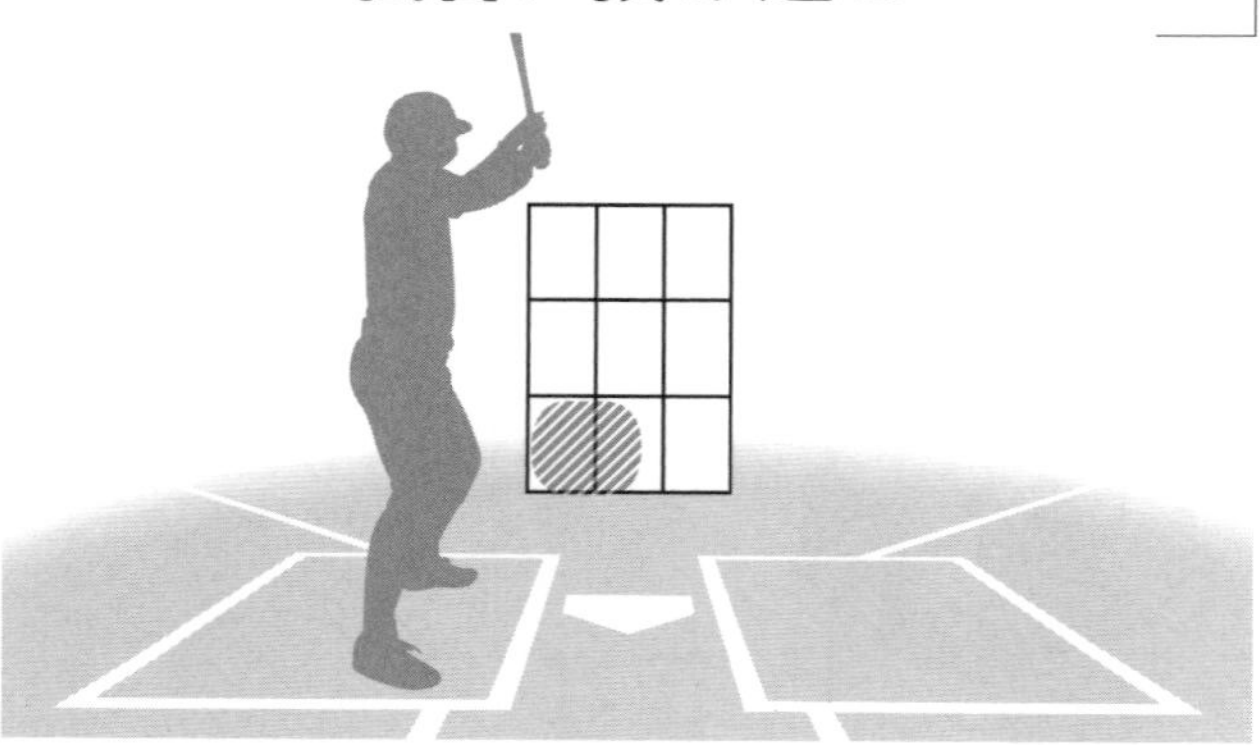

ボールの上っ面を叩かせてゴロを打たせるように低目をついていく

この状況はピンチではないという考え方

ランナーが1、2塁にいるときの基本的な考え方は、「この状況はピンチではない」と心がけることです。打ち取ってゲッツーが取れる可能性がありますし、1塁から3塁までどこでもアウトが取れます。それからこの状況ではデータ上、ランナー2塁やランナー3塁と比べてアウトを取れる確率が高いのです。

ですからピッチャーとして狙いたいのは、しっかりと内野ゴロを

けん制を入れて警戒心を生ませる

➡けん制を入れてランナーに警戒心を生ませることも大切です。けん制の回数を変えたり、投球の間隔を変えるなど、単調なリズムにならないような工夫をしましょう。また、ノーアウトの場合には送りバントやヒットエンドランを警戒する必要があります。ただしバントやヒットエンドランを仕掛けると、全てのランナーが動く必要があるため、ミスを嫌って何も仕掛けてこないこともあります。試合中に相手チームの特徴を把握し、作戦を使ってくるかを見極めておきましょう。

打たせる配球の組み立てであり、ベルトから膝元辺りの低目に投げ込むことです。積極的にゲッツーを狙う場合ですが、バッターはランナーを進めたり、得点を狙ったりするため1、2塁間を狙ってきます。1塁側やセカンド方向へのゴロは抜けた場合に大きなピンチとなるため、できるだけ3塁側やショート方向に引っ張らせるようにインコースをついていきます。1アウトの場合はゲッツーを狙い、2アウトの場合はヒットを打たれないように配球を組み立てましょう。

QUESTION

問題
17

ランナー2、3塁での投球は?

2、3塁に
ランナーがいる場合に
失点を防ぐためには
どのような工夫が
必要でしょうか?

ANSWER

正答例（2塁ランナーを帰せない）

❶高目のストレート（ストライクゾーン）
❷落ちる球種で勝負する

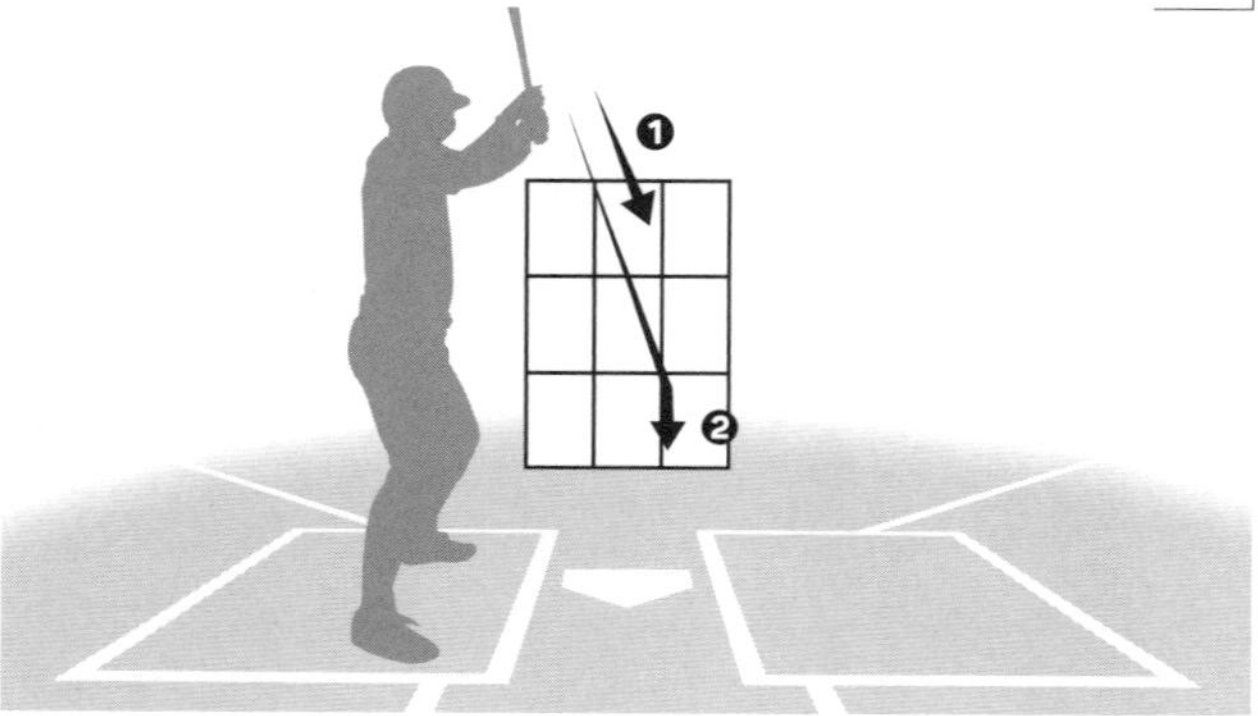

2塁ランナーは帰せない状況であれば、外野フライでもOKになるので、威力のある高目のストレートで押す

2塁ランナーの意味合いを考えて組み立てる

ランナー2、3塁は、基本的にはランナー3塁と同じです。そのうえで大事なことは、2塁ランナーの意味を考えていくこと。2塁ランナーが同点、もしくは逆転の場合には、配球の組み立てが変わってきます。もしも2塁ランナーが帰塁をしてもさほど影響がない得点差であれば、ランナー2塁の状況として捉えたほうがいいでしょう。3塁ランナーを帰せない状況では、三振か内野フライを狙い

正答例（3塁ランナーを帰せない）

「❶ 高目のストレート（ボール球）
❷ 落ちる球種で勝負する」

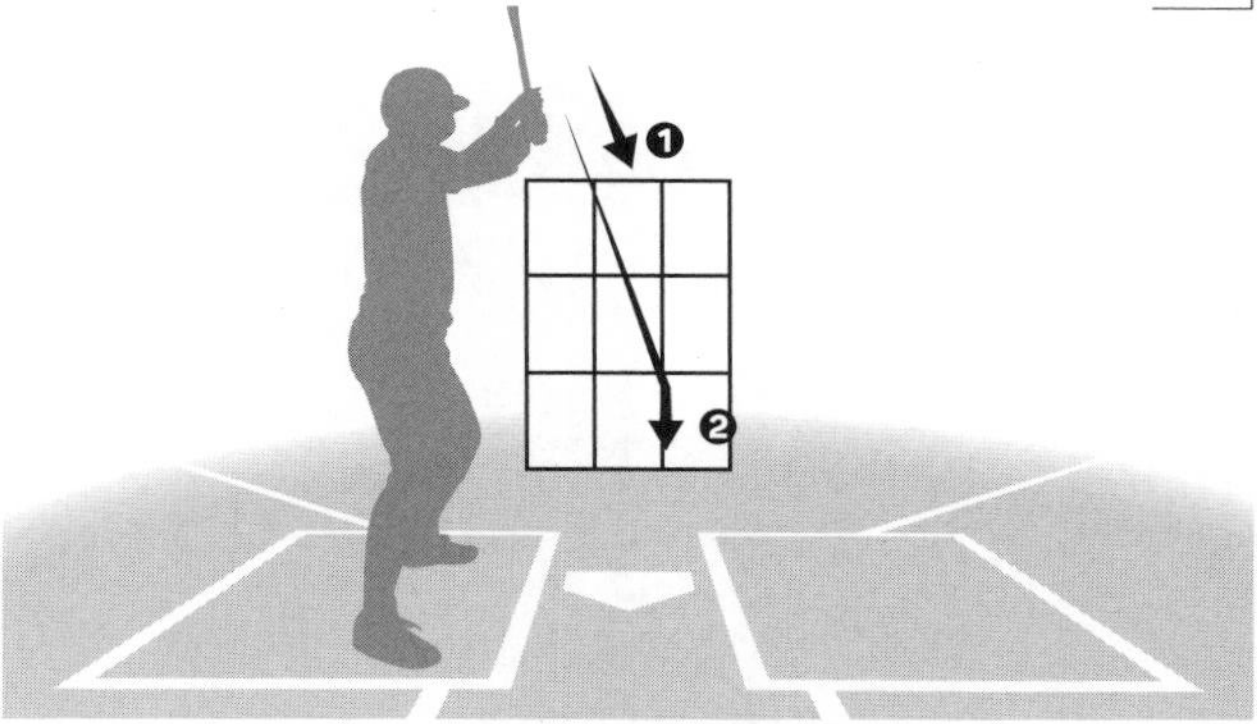

高目のボールで仕留める場合は球威が必要になるため、
しっかりとスピンをかけて投げる

ます。例えばバッターのポイントを前にして空振りを誘ったり、高目に球威のあるストレートを投げていきましょう。「3塁ランナーが帰ってもよいが2塁ランナーは帰せない」という状況であれば、外野フライでもOKになります。この場面ではピッチャーに球威が求められ、いかに高目のストレートで押せるかが重要になります。なおピッチャーは意外とランナーの意味合いを考えずに投げてしまいます。雑念があるとピッチングが崩れるピッチャーもいますが、できるだけ頭に入れておきましょう。

QUESTION

問題
18

「ランナー1、3塁での投球は?」

1、3塁に
ランナーがいる場合に
失点を防ぐためには
どのような工夫が
必要でしょうか?

ANSWER

正答例（ゴロを打たせる）

❶ インコースの高目でバッターを起こす

❷ シンカー系のボールで勝負する

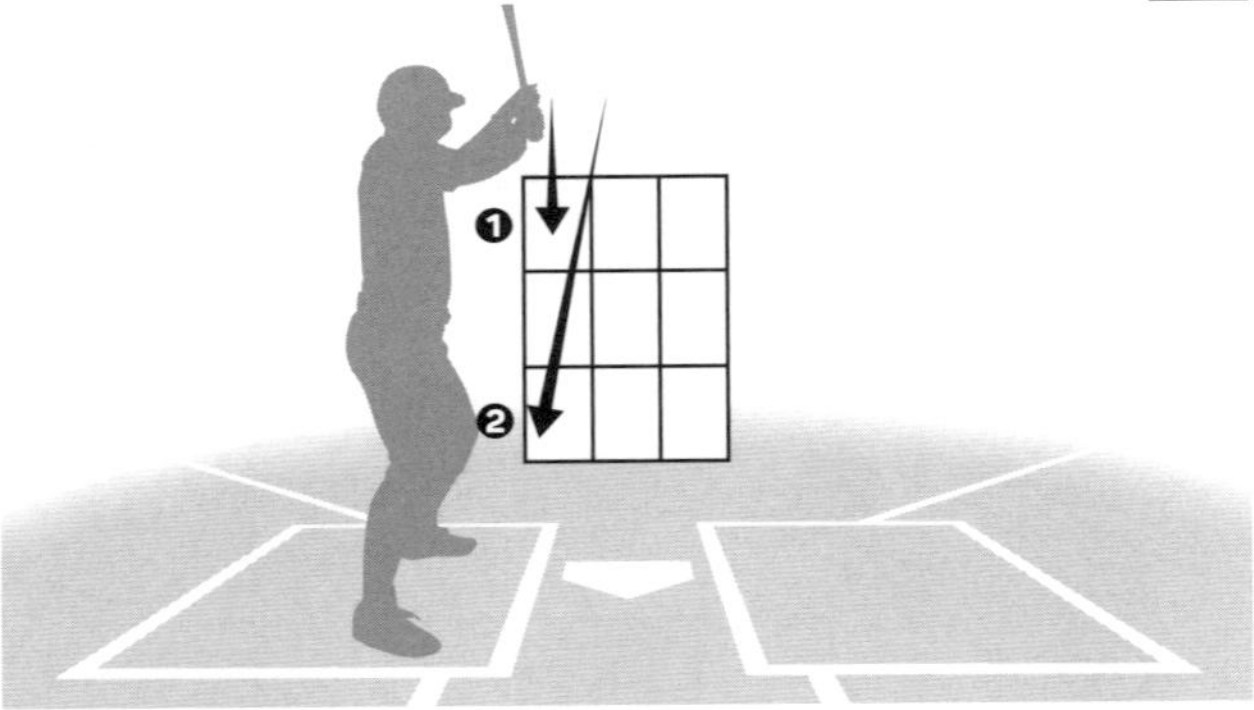

3塁方向に詰まった打球を打たせるため、右バッターはインコースを詰まらせ、左バッターは外に逃げるボールで引っ掛けさせる

3塁側に詰まったゴロを打たせる

ランナー1、3塁は、ランナーがいる状況で最も難しい場面と言えます。ゲッツーを取れたら一気にピンチが解消されますが、1つのアウトを取る場合には、「どの塁でアウトを取るのか」という判断が複数あるため、非常に難しいのです。しかしピッチャーがやることはシンプルで、詰まった打球を打たせることができるかどうかになります。そのためには対角のコントロールが非常に大事で、イン

正答例（三振を狙う）

❶ 緩急を使ってバッターのポイントを前にする

❷ ストライクからボールになる変化球で空振りを狙う

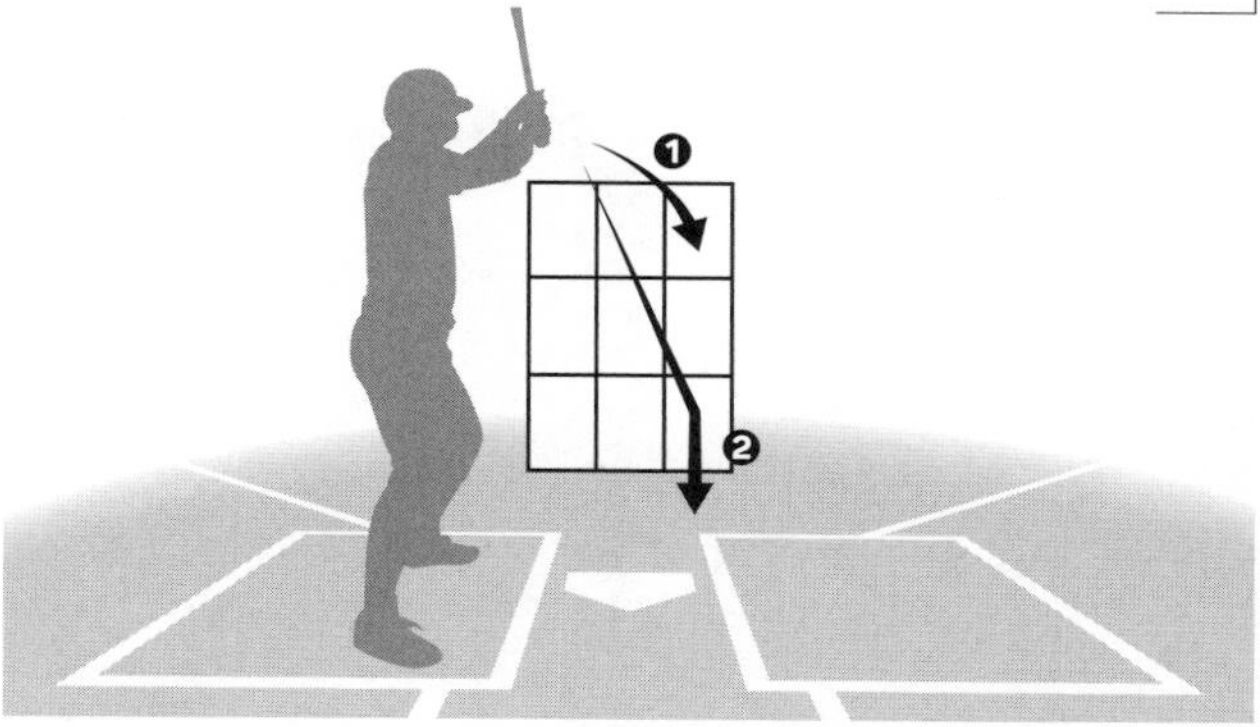

アウトカウントが少ないほど、積極的に三振を狙うことが求められる

コースの高目でバッターを起こしておいてシンカー系のボールで勝負したり、左ピッチャーであればスライダーで勝負するといった選択が必要で、サードゴロを打たせることが理想です。そうすれば3塁ランナーを釘付けにしておいてゲッツーを狙えます。これが1、2塁間に打たれてしまうと、ゲッツーを取る確率が低くなりますし、バックホームをしても追いタッチになるため、アウトが取りにくくなってしまいます。とにかく3塁側に打たせるボールを投げることが重要です。

QUESTION

問題

19

「満塁での投球は？」

満塁の場合、
失点を防ぐためには
どのような工夫が
必要でしょうか?

A N S W E R

正答例（サードゴロを打たせる①）

❶ アウトコースの高目でバッターを起こす

❷ シンカー系のボールで勝負する

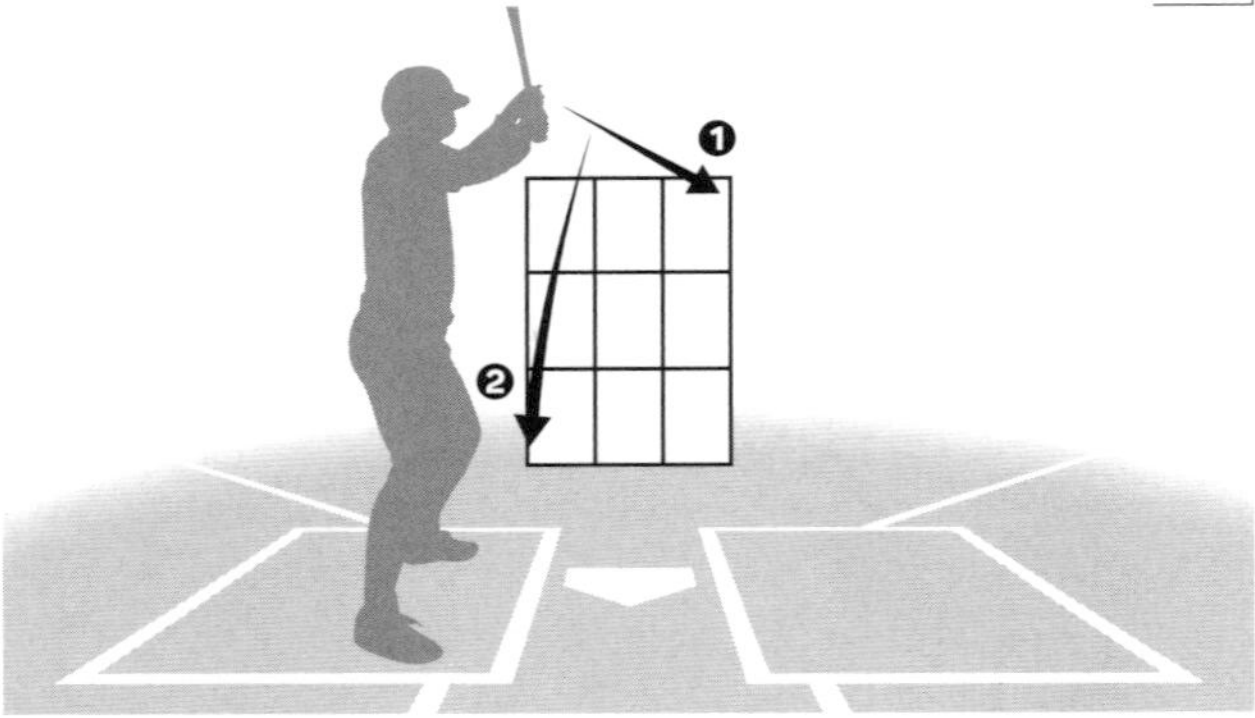

3塁方向に詰まった打球を打たせるため、右バッターはインコースを詰まらせ、左バッターは外に逃げるボールで引っ掛けさせる

ランナー1、3塁と同じくサードゴロを打たせる

満塁時に気をつけることはランナー1、3塁と一緒で、3塁側のボールを投げてサードゴロを打たせるようにします。3塁側のボールとは、右バッターであればインコースを詰まらせ、左バッターであればアウトコースに逃げるボールを引っ掛けさせるという意味です。ただし満塁の場合でもそれぞれのランナーの持つ意味合いがポイントになります。そして同時に「満塁は得点につながりにくい」と

正答例（サードゴロを打たせる②）

「❶ アウトコースへの変化球

❷ インコースへのストレートで詰まらせる」

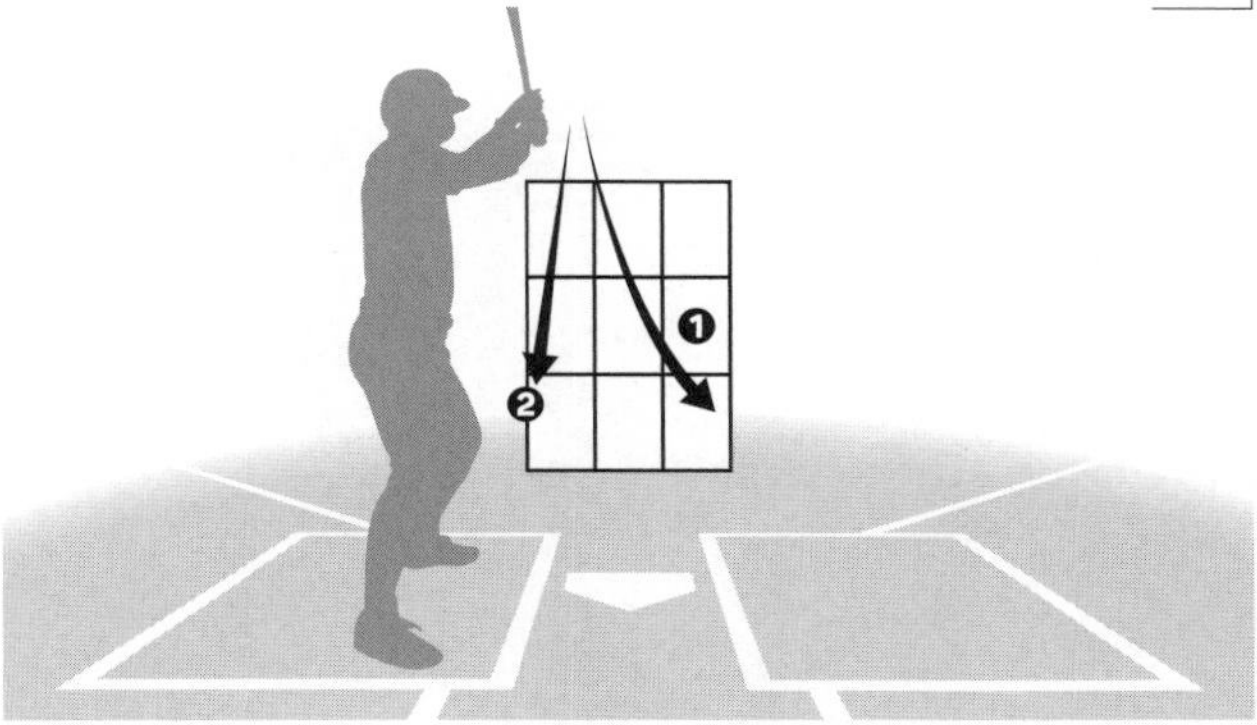

詰まらせてゲッツーを狙う。どの塁でアウトを取るのかをチームで決めておく

言われる意味も考える必要があります。満塁が得点につながりにくいというのは、どこでもアウトが取れるからです。そして各ランナーの意味合いとは、何点までは取られてもOKなのかということです。この2つを考慮したうえで、どこでアウトを取ればよいのかを判断します。冒頭で3塁ゴロと述べた理由は、3塁ゴロであれば3塁と1塁などのゲッツーが狙えます。しかしファーストやセカンドゴロから4-6-3や3-6-3のゲッツーはなかなか取れないため、サードゴロのほうがよいと考えます。

QUESTION

問題
20

「エンドランを仕掛けてくるときの対処法は？」

相手チームの
エンドラン狙いが
予想される場合、
どのような工夫が
必要でしょうか?

ANSWER

正答例

「❶真っすぐの場合はインコースやアウトコースいっぱいを攻める

❷変化球の場合はスライダーなどの球速が早いボールを詰まらせる」

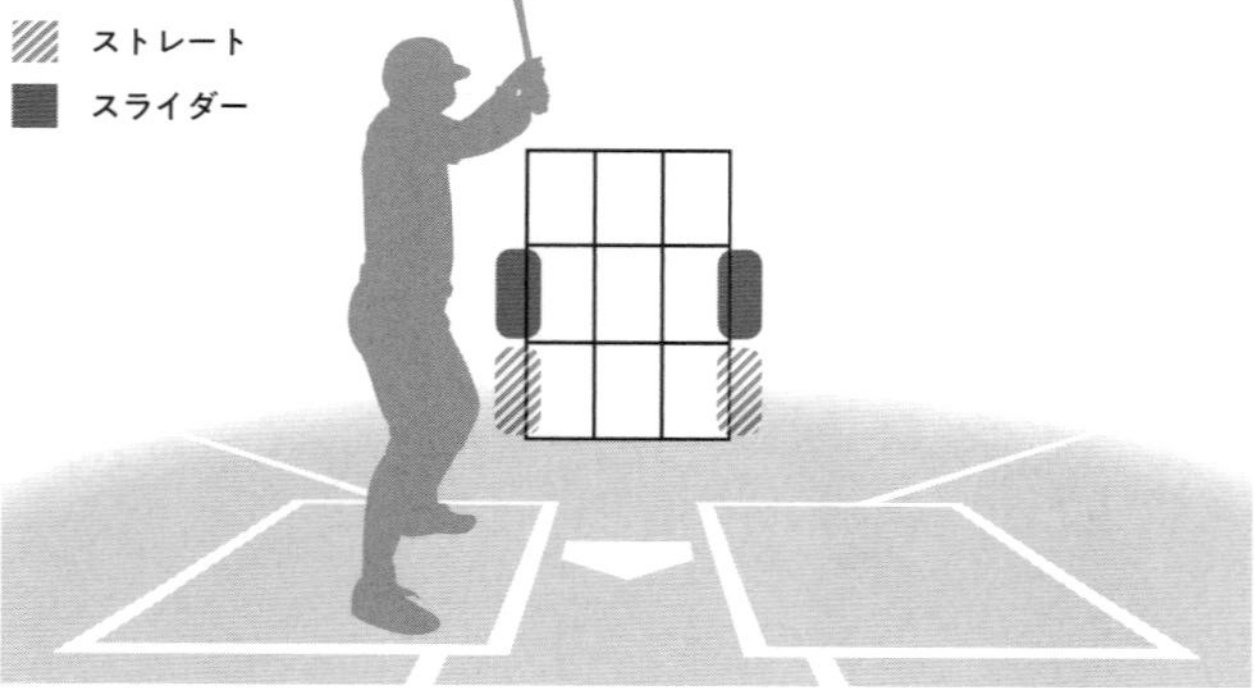

ランナーに対してあまり神経質にならず、バッター優先で投げる

神経質になりすぎずにバッター優先で投げる

エンドランはやられて嫌な作戦ではありますが、成功率は10％あるかないかであり、そこまで神経質になる必要はありません。ランナーのケアをしつつ、バッター優先で投げていきましょう。神経質になりすぎてボールを連投すると、ピッチャーが苦しくなってしまいます。相手チームのエンドラン狙いをつかみやすいポイントは、ランナーのリードが小さくなったり、バッターのグリップを持つ位置が

エンドラン狙いの予兆ポイント

①ランナーのリードが小さくなる
②バッターのグリップを持つ位置が短くなる
③バッターが深く構える

➡このような予兆が表れやすい
➡対策としては、右ページで紹介した攻め方が有効
➡10%程度の成功率であるため、エンドランが成功したらその後対策を考えるくらいの気持ちを持っておく

短くなったり、深く構えたりすることです。このような予兆があれば、不用意な真っすぐを投げないようにしましょう。

真っすぐを投じるコースとしては、逆方向に打ちにくいインコースやアウトコースいっぱいを中心に攻めます。変化球を投げる場合には、スライダーなど球速のある球種ほどバッターは合わせにくくなります。落ちる球種もバッターには有効ですが、ランナーは走りやすくなるため、点差などの状況から優先順位を決めて投げるようにしましょう。

QUESTION

問題
21

「送りバントを仕掛けてくるときの対処法は？」

相手チームの
送りバント狙いが
予想される場合、
どのような工夫が
必要でしょうか?

ANSWER

正答例（ベース全体を覆っている）

「インコースを攻める」

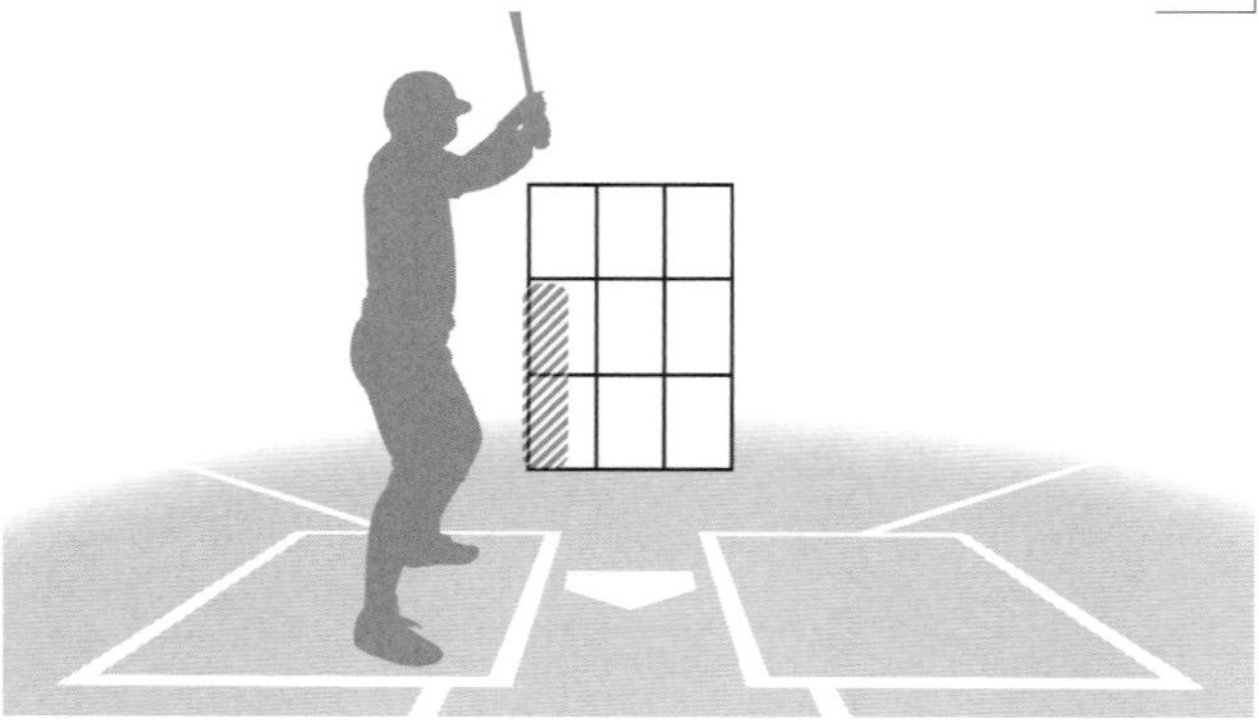

バットを引き戻さないとバントができないため、インコースが苦手になる

状況とスタンスで攻略法を変える

まず考えたいことは、「送りバントをやらせたほうがよい」のか「やらせないほうがよい」のかです。送りバントは必ずアウトを1つ取れますから、「点差に余裕がある」「後続のバッターに打たれていない」などから判断をし、送りバントをさせてアウトを1つ取ります。バントをやらせたくない場合ですが、①バットを構える位置、②足の置き方（スタンス）を見て配球を変えます（左上の表）。

バットを構える位置

①ホームベース全体を覆っている
➡インコースが苦手になる
②ホームベースの半分程度を覆っていない
➡アウトコースが苦手になる

スタンスと特徴

スクエア

➡バットの押し引きが難しくボールを斜めから見るためアウトコースにバットが出しにくい

オープン

➡グリップが左足側にあるためアウトコースが苦手

クローズド

➡両脚に体重を乗せて調節ができないため、インコースやアウトコース低目のスライダーなどが苦手

例えばホームベース全体を覆うように構えるバッターは、バットを引き戻さないとバントができないためインコースが苦手です。またスタンスがオープンのバッターはピッチャーを両目で見られるのですが、身体が開いているので体重が左足に乗っていて、アウトコースが遠くなり、ここが苦手なコースになります。

なお球種別のバント成功率は、カーブが93・5％、真っすぐが84・1％、スライダーが73・6％になるため、特に初球は成功率の高い球種を避けることが理想です。

QUESTION

問題
22

「盗塁を仕掛けてくるときの対処法は？」

相手チームの
盗塁狙いが
予想される場合、
どのような工夫が
必要でしょうか?

ANSWER

正答例（ベース全体を覆っている）

「アウトコースのボール球か、ウエストボールを投げる」

このコースは、多くのキャッチャーが2塁への送球で苦手とする捕球位置にもなるため、キャッチャーの高い送球能力も必要

アウトコースへのボール球を投げる

盗塁が1つ決まると、得点の確率がぐんと上がってしまいます。その状況でのポイントは、アウトコースにボールを投げることです。

また①どのカウントで変化球を投げるのかを察知されないこと、②ランナーを自由にさせないためにけん制を入れること、③投球のテンポを変えること、④キャッチャーの送球動作が早くなるウエストを投げる、などがあります。

ランナーはピッチャーを観察し

けん制回数と盗塁の関係

	高校野球	大学野球	成功率
けん制なし	187	142	75.9%
1回	40	31	77.5%
2回	2	2	100.0%
3回以上	1	0	0.0%

この表で見てもらいたいことは、「けん制をするほど成功率が高まる」ことではなく、「けん制をするほど盗塁数が減る」こと。けん制をすることで、盗塁への試みを減らせる

て走れるタイミングを計るため、例えばけん制をする場合に同じテンポで投げてしまうと簡単に察知されます。2回続けて投げたり、テンポを変えて投げるなどの工夫が必要です。

　キャッチャーの肩が悪いなど盗塁を防げる確率が低い場合には、速い変化球でカウントを取れることや、「走られても仕方がない」「走られたらその後どう勝負するか」などを考えて投げます。ウエストについては「ボール球を投げる勇気」を持つことが大切です。

この章のまとめ＋α

この章の問題でポイントとなる追加要素を紹介します。

ランナー1塁時の得点確率と得点期待値

得点確率	高校野球	大学野球
ノーアウト	28.5%	18.3%
1アウト	16.9%	10.0%
2アウト	6.7%	4.0%

得点期待値	高校野球	大学野球
ノーアウト	0.523	0.306
1アウト	0.286	0.224
2アウト	0.1	0.06

攻撃側が考えていることは「いかにランナーを進めるか」であり、「あわよくばバッターも生きる」こと。サード方向にゴロを打たせて攻撃側の狙いを阻止したい

ランナー2塁時の得点確率と得点期待値

得点確率	高校野球	大学野球
ノーアウト	70.4%	53.4%
1アウト	47.5%	34.2%
2アウト	27.5%	21.1%

得点期待値	高校野球	大学野球
ノーアウト	1.24	0.8
1アウト	0.77	0.51
2アウト	0.37	0.28

攻撃側が考えていることは、ノーアウトであれば「1、2塁間に打ってランナーを3塁に進めたい」ということ。これを阻止するためにはアウトコースへのボールを見せながら、インコースを狙っていく

ランナー3塁時の得点確率と得点期待値

得点確率	高校野球	大学野球
ノーアウト	81.2%	83.6%
1アウト	61.7%	64.1%
2アウト	29.6%	24.7%

得点期待値	高校野球	大学野球
ノーアウト	1.33	1.19
1アウト	0.96	0.83
2アウト	0.43	0.34

甘い球を狙いつつ、あわよくば犠牲フライで1点という展開を考えてくるため、内野フライや浅い外野フライで打ち取りたい。球威があれば、高目のボール球も効果的になることを知っておきたい

ランナー1、2塁時の得点確率と得点期待値

得点確率	高校野球	大学野球
ノーアウト	66.70%	57.80%
1アウト	46.60%	35.20%
2アウト	23.90%	16.50%

得点期待値	高校野球	大学野球
ノーアウト	1.42	1.27
1アウト	0.89	0.68
2アウト	0.43	0.29

見る状況が多いため、チームとして優先順位を決め、その際のプレーを練習しておく

ランナー2、3塁時の得点確率と得点期待値

得点確率	高校野球	大学野球
ノーアウト	84.60%	85.00%
1アウト	68.40%	59.60%
2アウト	37.60%	26.00%

得点期待値	高校野球	大学野球
ノーアウト	2.18	1.45
1アウト	1.31	1.1
2アウト	0.8	0.49

得点差によって2塁ランナーの意味が変わってくる。得点される危険性が高いため、特にノーアウトでは「三振以外は許されない」くらいの場面になる

ランナー1、3塁時の得点確率と得点期待値

得点確率	高校野球	大学野球
ノーアウト	87.00%	87.80%
1アウト	63.90%	59.20%
2アウト	30.40%	25.50%

得点期待値	高校野球	大学野球
ノーアウト	1.7	1.27
1アウト	1.19	0.68
2アウト	0.57	0.29

ダブルスチールなど、積極的な攻撃を仕掛けてくる。点差に余裕があれば2、3塁にして、攻撃側のバリエーションを減らせることも考えられる

満塁時の得点確率と得点期待値

得点確率	高校野球	大学野球
ノーアウト	88.20%	86.30%
1アウト	67.20%	61.80%
2アウト	36.90%	30.50%

得点期待値	高校野球	大学野球
ノーアウト	1.9	1.55
1アウト	1.22	1.04
2アウト	0.76	0.5

惜しみなく決め球を連投しつつ、詰まらせてゲッツーを狙う。アウトを取るパターンを事前に練習し、焦らず確実にアウトを取るように準備をしておく

第4章

タイプに応じた配球

QUESTION

問題
23

「右ピッチャー対
右バッターの注意点は？」

右ピッチャーが
右バッターに投げる場合、
どのコースを狙うことが
基本でしょうか?

ANSWER

正答例

「❶ 基本はアウトコース
❷ ドアスイングであればインコースも有効」

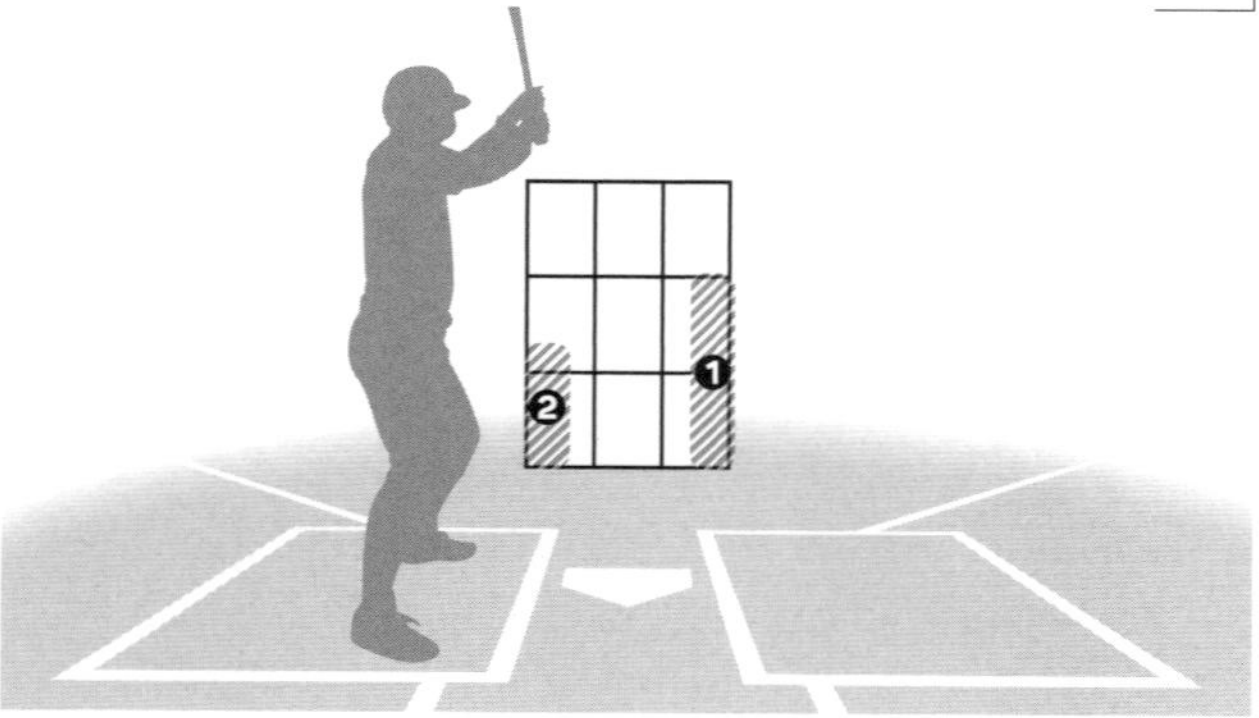

ヘッドが先に出てくるようなスイングをするバッターには、
インコースも有効となるが、パワーヒッターには注意が必要

スイングによっては インコースも有効

基本的にはバッターから遠いアウトコースを狙いますが、右バッターの特徴として、上手くインサイドアウトのスイングができない、いわゆるドアスイングの選手が多くいます。理想的なスイングであるインサイドアウトのスイングができているバッターはインコースにも対応してきますが、このスイングができていないバッターにはインコースも有効になります。

インサイドアウトのスイングが

インサイドアウトのスイングとは？

スイングの前半ではグリップが身体の近く（インサイド）を通り、後半はヘッドが身体の遠く（アウトサイド）を通るスイング。理想的なスイングである

できているかを確認するためには、ストライクからボールになるようなスライダーが有効です。このようなボールに対してヘッドが先に出てくるようであれば、ドアスイングをしていると判断してよいでしょう。その理由は、インサイドアウトのスイングができていれば、グリップ側からバットが出てくるからです。

　ただしパワーのあるバッターは詰まってもヒットになる危険があるため、とくにスコアリングポジションにランナーがいる場合には、インコースには注意が必要です。

QUESTION

問題
24

「右ピッチャー対左バッターの注意点は？」

右ピッチャーが
左バッターに投げる場合、
どのコースを狙うことが
基本でしょうか?

ANSWER

正答例

「❶シュート系の変化球
❷外巻きのスライダー」

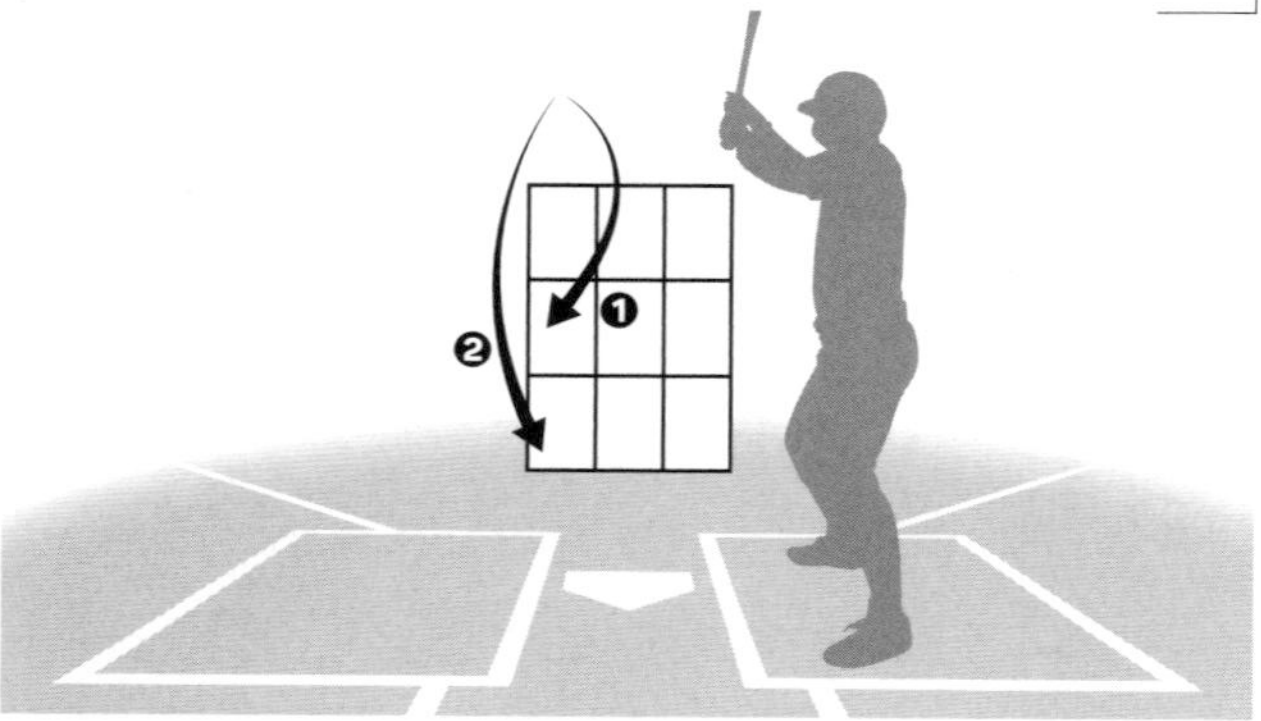

❶が投げられたらかなり攻略が楽になるがコントロールが難しいため、
❷のような球種でカウントを取りたい

右対左はバッターが有利

左バッターは右ピッチャーに対して、基本的にはピッチャーの出所から懐に入ってくるボールを投じてくると考えています。そうするとかなり投じる球種が限定されますので、理想は左バッターから逃げていくようなシュート系の変化球がほしいですし、そのような球種があればかなり楽に勝負ができます。とはいえ実際には、このようなボールはなかなかコントロールするのが難しいのです。

1つカウントを取るために考え

右バッターと左バッターの割合

➡右バッターと左バッターを比べると、プロ野球全体では少しだけ右バッターのほうが多いが、ほぼ半分に近い割合になります。これがもう少し下のカテゴリーになると、おおよそ4：6で左バッターが多くなります。とくに金属バットを使うカテゴリーでは、後ろ側の手（左手）が使えなくてもバットが仕事をしてくれます。「1塁ベースに近い」「右ピッチャーのほうが多い」など、左バッターのほうが有利な点が多いため、高校生くらいまでは左バッターのほうが多い傾向にあります。

られるボールは、外巻きのスライダーといってボールゾーンから外角に入ってくるスライダーです。このような球種があると、バッターは「ボールだ」と判断したのちに曲がるため、判断が遅れているために手が出ないことが多いのです。

そして今度はアウトコースのボールを捨て球にして誘ったり、アウトコースが多いことがわかっているとヒザ元に落ちるようなスライダーなどが有効になります。左バッターの予測に反してインコース勝負というのも1つの方法です。

QUESTION

問題
25

「左ピッチャー対左バッターの注意点は？」

左ピッチャーが
左バッターに投げる場合、
どのコースを狙うことが
基本でしょうか？

ANSWER

正答例

「インコースの真っすぐでカウントを取り、変化球やアウトコースのボールで勝負」

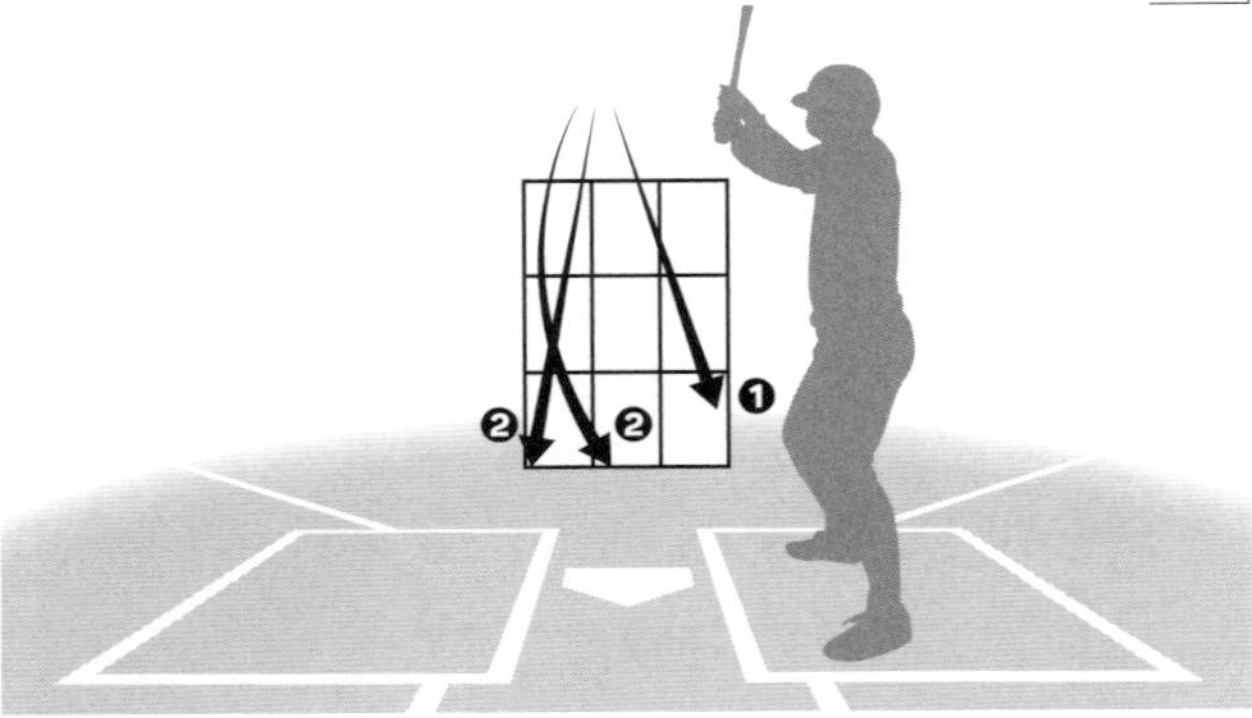

シュート回転がかかるボールを投げるピッチャーであればそこまで厳しいインコースでなくてもよいが、インコースへのコントロールがあるかどうかが大きなポイントになる

近年は必ずしもピッチャー有利とは言えない

以前は左対左ではピッチャーが有利といえる打率でしたが、近年の打率を見るとこの傾向が変わってきています。その理由は左バッターがしっかりと左ピッチャーの対策を立てるようになったことや、左ピッチャーが増えてきたことなどです。野球では左利きの選手ができるポジションがピッチャーかファースト、外野と限られるため、ピッチャーの割合が高くなります。ピッチャーが有利と言われてい

左バッターはインコースを想定していない？

➡左ピッチャーにとって、インコースはとても投げにくいボールの1つです。ボールがシュート回転するため、抜けてデッドボールになってしまう確率が右バッターよりもかなり高くなります。そのため相当練習をしないといけませんが、厳しいコースをつけるようになると、配球の組み立ての幅が広がります。バッターも左ピッチャーのインコースに慣れていなかったり、想定ができていないことが多いため、意図的に投じられるとかなり有効です。

た以前は、アウトコースをしっかりと攻めていくことが基本でした。球種も真っすぐとスライダーがあれば十分抑えられましたが、左バッターが左ピッチャーに慣れてきたことを考えると、インコースを上手く使えるかがポイントになります。手が下りてくるような投げ方であれば、それほど厳しいインコースでなくても効果があります。インコースでカウントを取り、変化球やアウトコースのボールで勝負をしていくことが、これからのスタンダードになると考えています。

QUESTION

問題
26

「左ピッチャー対右バッターの注意点は？」

左ピッチャーが
右バッターに投げる場合、
どのコースを狙うことが
基本でしょうか?

ANSWER

正答例（チェンジアップが投げられる）

「❶ 初球はアウトコースを突いていく
❷ その後チェンジアップが有効」

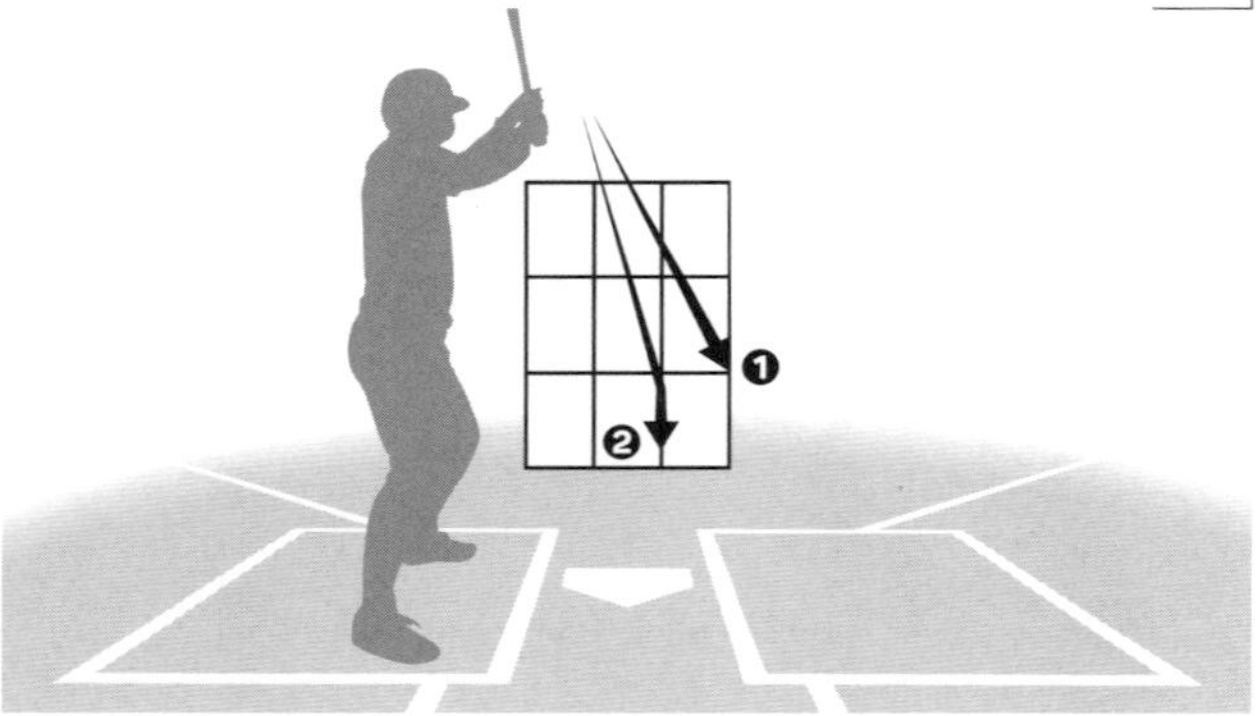

アウトコースでストライクが取れるようになると、
その後にいろいろな組み立てができる

近年クロスファイヤー一辺倒は通用しにくい

　以前は左ピッチャー対右バッターというと、いわゆる「クロスファイアー」と呼ばれるインコースに食い込んでいくようなボールが主体でした。右バッターが壁のように立っている角度になるため、左ピッチャーは投げやすいのです。しかし、インコースは当てられる可能性が高く、インサイドアウトのスイングができるバッターには長打を打たれる危険があります。その場合にアウトコースをしっか

正答例（スライダーが投げられる）

「❶ 初球はアウトコースを突いていく
❷ その後外から内のヒザ元へのスライダー」

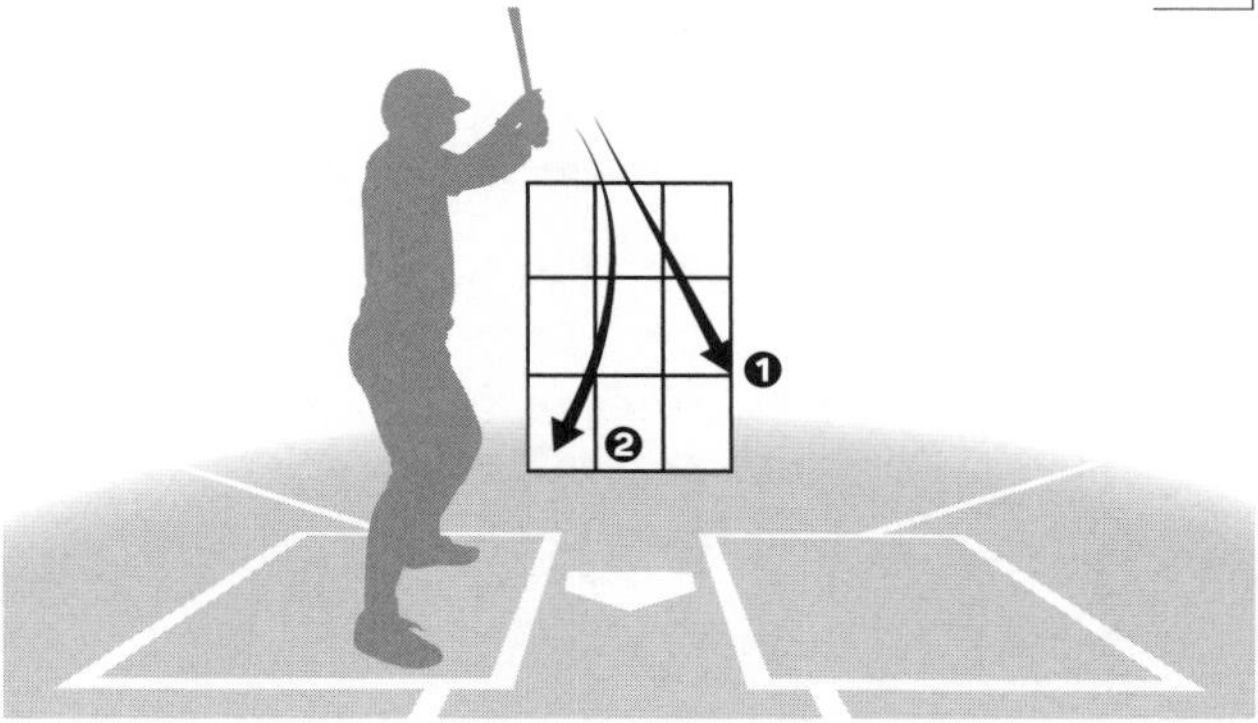

とくにドアスイングのバッターのスイングとずれるため、
ヒザ元に沈むようなボールが有効になる。

りついていけるかがポイントになってきます。アウトコースでストライクが取れるようになると、インコースに食い込ませるボールも効いてきますし、左ピッチャーが得意としているチェンジアップや昔でいうスクリューボールなどが使いやすくなります。チェンジアップがなければ、アウトコースからインコースのヒザ元にくるようなスライダーなどで、バットの軌道を合わせられないようにします。右対左と同様に、ドアスイングのバッターにはとても有効です。

QUESTION

問題
27

アベレージヒッターと対峙したときの注意点は？

打ち分けが上手な
アベレージヒッターに
対してどのような
組み立てが
有効でしょうか?

ANSWER

正答例（基本的な攻め方）

「高低や左右に散らして狙い球を絞らせない」

いろいろなボールに対応してくるため、
ボールを散らして当てるようなバッティングをさせる

基本はボールを散らし弱点があれば徹底する

　アベレージヒッターには、①基本的にボールの打ち分けがうまい、②バットの軌道が水平に近い、③ミートゾーンが広い、④甘い変化球やツーシームなどの動くボールをしっかりとミートすることができる、などの特徴があります。そのため配球の組み立てで気をつけたいことは、偏ったコースや球種を投げ続けないことです。

　組み立ての基本となるのは高低や左右に散らしていくこと。アベ

正答例（弱点が見つかれば）

「弱点を徹底的についていく」

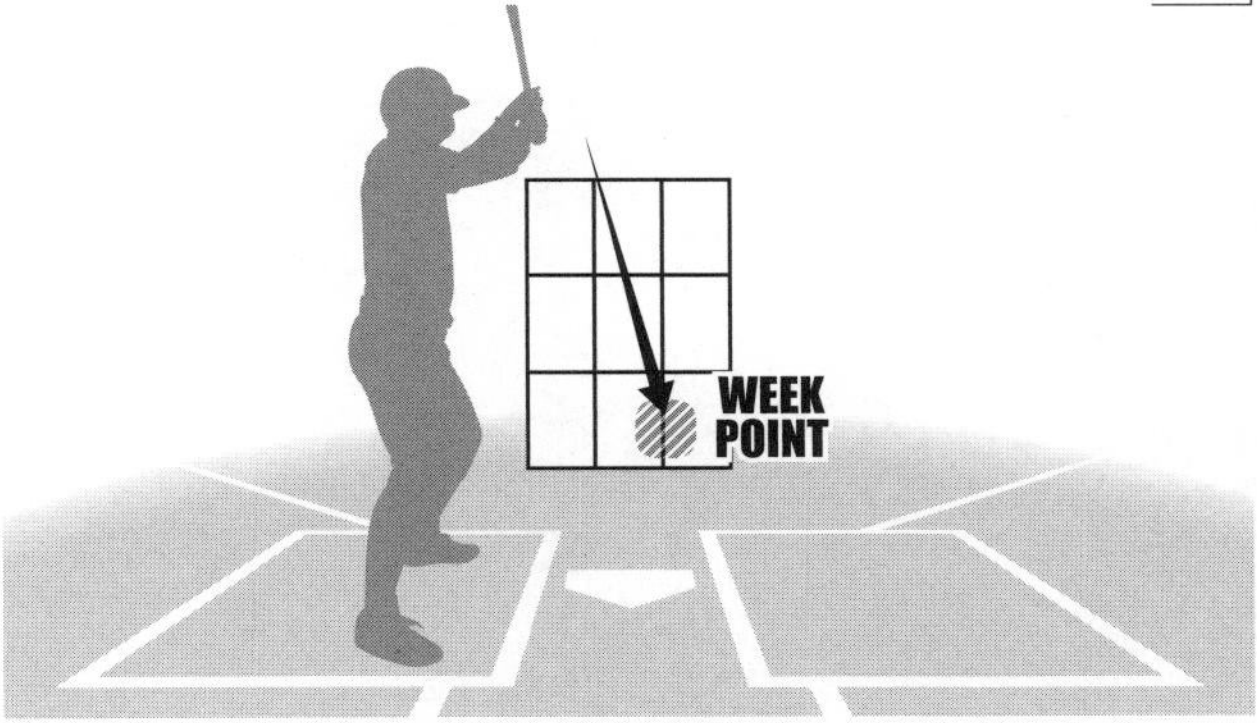

バッターの構えやそれまでのスイングで弱点を見極められたら、
徹底的に弱点をついていく

レージヒッターは散らしても当ててこようとしますが、同時に当てるスイングになりやすくもなります。

またスイングを見ながら弱点を見つけることも重要です。例えばバットを担ぐような構えからスイングをすると、高目が得意だったり、高目に手が出やすいケースが多く見られます。その場合には低目を徹底的についていきます。

考え方のベースは、高低や左右に散らして狙い球を絞らせないこと。そして弱点が見つかれば、そこを徹底的についていきます。

QUESTION

問題
28

ロングヒッターと対峙したときの注意点は?

パワーのある
ロングヒッターに
対してどのような
組み立てが
有効でしょうか?

ANSWER

正答例（基本的な攻め方）

「❶ アウトコース低目 ❷ インコースをつく」

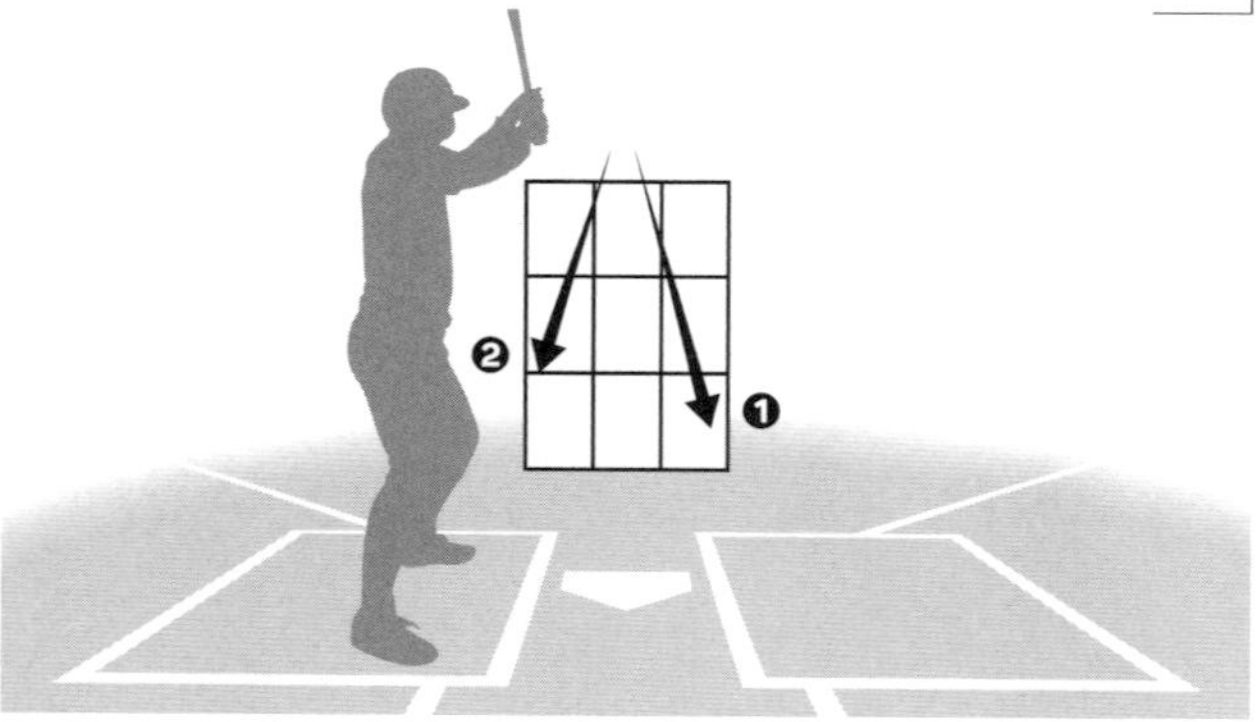

自分の得意なコース以外はバットを振らないことが多い。
まずはこちらの狙いが絞られないようにする

得意なコースの近くに苦手なポイントがある

ロングヒッターは、①狙い球以外のボールに手を出さない、②自分の得意なコースへ投げさせるような誘いをしてくる、③身体を後ろに傾けてバットをボールの下に入れて打球に角度をつけるスイングをする、④身体が大きく筋力がある、などの特徴や傾向があります。①のように基本的には最初から振ってこないバッターが多いため、アウトコース低目のボールでカウントを取り、インコースをつ

正答例（ウイニングショット）

「狙っているポイントから変化させる」

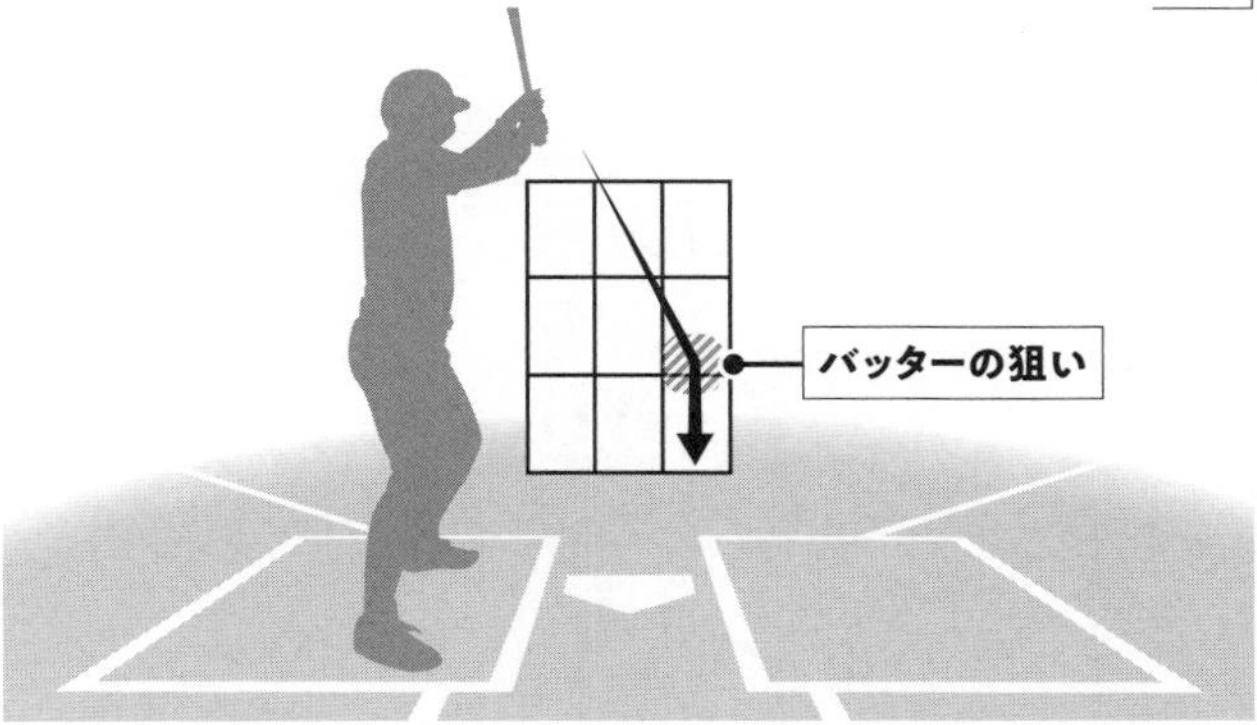

狙っているポイントから落としたり、変化するボールはスイングの軌道が
合わせられずに打ち損じるケースが多く、非常に有効となる反面勇気が求められる

くなど、こちらの狙いを絞らせないように配球を組み立てていきます。またロングヒッターは、得意とするコースの近くに苦手とするポイントがあります。アベレージヒッターほどの対応力がないため、「狙い通り」というポイントから変化するボールが弱点になりやすいのです。このようなコースは一つ間違えると長打を打たれる危険があるため、ピッチャーには勇気が求められますが、バッターの待っているポイントから落としたり、変化するボールがウイニングショットとして有効です。

QUESTION

問題
29

「ゴロを打たせたいシチュエーションと攻略法は？」

シチュエーションに
よっては
ゴロを打たせたい
ケースがあります。その
ケースの例と攻略法を
考えてみましょう

A N S W E R

正答例（シチュエーション）

「ゲッツーを取りたい場面」

積極的にゲッツーを狙う場合では、ゲッツーが取りやすい方向にゴロを打たせる

組み立て以上に低目に投げ続ける

ゴロを打たせたいシチュエーションの代表例が、ゲッツーを取りたい場面になります。第2章でも紹介しましたが、そのようなシチュエーションは試合中に何度か訪れます。

打球がゴロになるのは、ボールの上っ面を叩いてしまうようなスイングをしたときであり、そのためにはベルトからヒザ元（太もも辺り）をつくことが有効となります。太もも辺りにやや沈むスライダーやカット系、ツーシーム系のボールがあるこ

正答例（組み立て）

「左右に散らしながら低目に投げ続ける」

低目を投げ続けることで上っ面を叩くスイングをさせることが基本となる

とが望ましいです。

このようなケースでは、配球を組み立てること以上に、同じような高さのボールを投げ続けられることが必要になります。もちろん完全に同じコースに投げ続けると狙われてしまう危険があるため、インコースとアウトコースという左右の投げ分けは必要です。

組み立てよりも低目に投げ続けることが重要ですが、球威がなく粘られてしまう時など、高目を釣り球にしておいてから、低目に投げ込むという組み立てが有効になります。

QUESTION

問題
30

「フライを打たせたい
シチュエーションと攻略法は？」

シチュエーションに
よっては
フライを打たせたい
ケースがあります。その
ケースの例と攻略法を
考えてみましょう

ANSWER

正答例（シチュエーション）

「❶ 1アウトランナー2塁
❷ ホームランの確率が低いバッター」

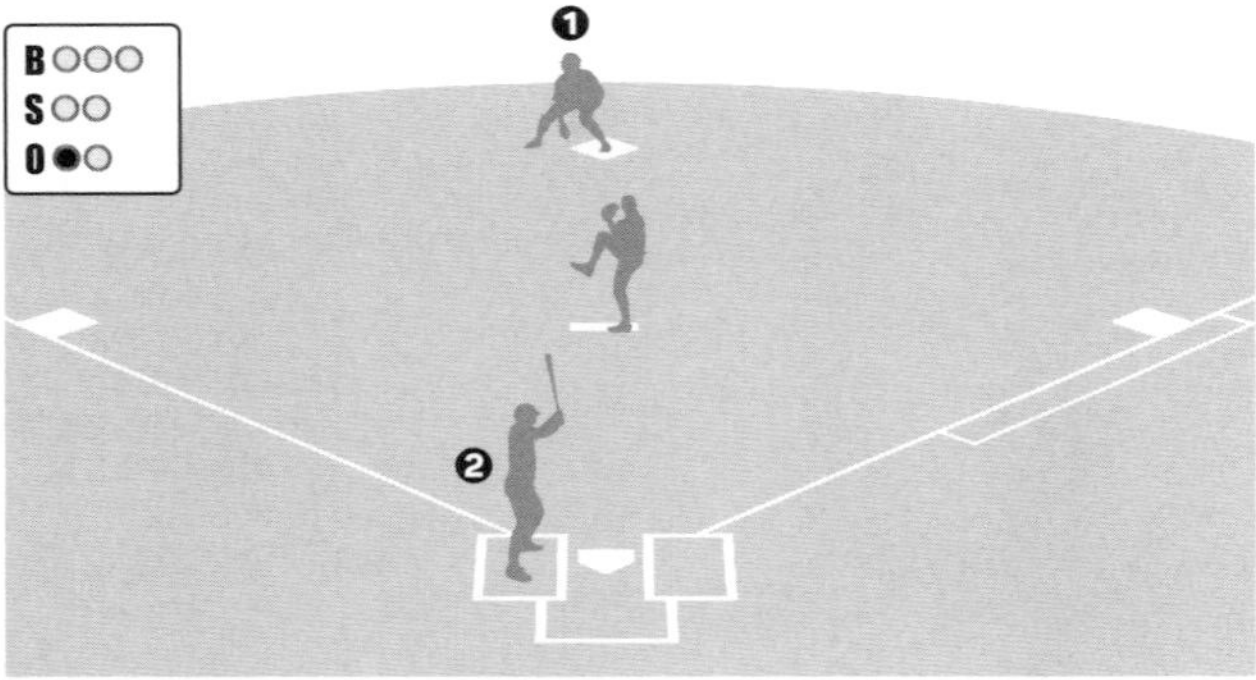

1アウトか2アウトでのランナー3塁以外で、バットが下から出るスイングをしたり、ホームランの確率が低いバッターにはフライを打たせる攻略も有効になる

バックスピンが効いた高目のボールが有効

フライを打たせたいシチュエーションは、1アウトか2アウトでのランナー3塁以外で、ホームランの確率が低いバッターや下からバットが出るバッターと対峙したときです。

そしてフライを打たせたい場合は、高目にバックスピンの効いたボール（真っすぐ）がしっかりと投げられることが大事になります。またアンダーハンドの落ちてこないスライダーなど、沈まないボールが有効です。

正答例（組み立て）

「バックスピンが効いたボールを高めに投げ込む」

ベルトから上にバックスピンが効いた真っすぐを投げ込むことが有効になる。
日ごろから高目に投げ込む練習をしておくことも大切である

高目のボールというのは、意外と練習でも投げていないことが多いため、日ごろから投げておくことがポイントになります。高さの目安を簡単に言うとベルトから上でＯＫです。よくあるミスケースは、コースが高すぎてバッターが手を出さないことや、高目に投げようとして指を引っ掛けてしまうことなどです。試合の序盤から、その日の高目のボールが活きているかを判断しておくことも必要です。回転効率がよいボールを高めに投げられているかを早めに把握し、組み立てに使えるかを確認します。

QUESTION

問題
31

「3塁方向に打たせたいシチュエーションと攻略法は？」

シチュエーションに
よっては
3塁方向に打たせたい
ケースがあります。その
ケースの例と攻略法を
考えてみましょう

ANSWER

正答例（シチュエーション）

「ノーアウトや1アウト ランナー1、3塁や満塁」

最も難しいシチュエーションだが、3塁ゴロからゲッツーを取れたら
一気にピンチが解消される

コースよりも投球の質が重要

1、2塁間に打たれるとゲッツーを取れる確率が低くなったり、得点される確率が高くなるシチュエーションは、3塁方向に打たせたい場面と言えます。その理由は135ページでも述べましたが、3塁ゴロであれば6－5－3のゲッツーが狙えます。しかしファーストやセカンド方向へのゴロから4－6－3や3－6－3のゲッツーはなかなか取れないからです。

ゴロを打たせたい場合は176ペ

正答例（組み立て）

「打たせたい方向に対して逃げていくボール」

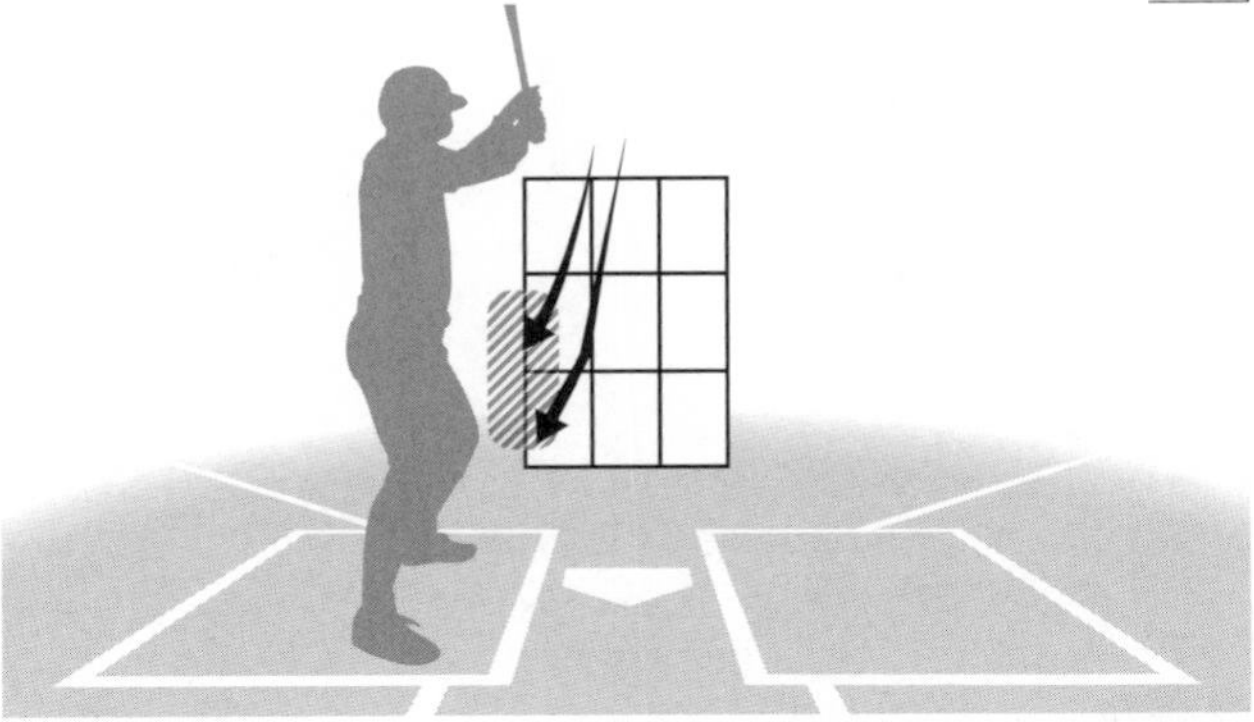

右ピッチャーであればインコースにシュート系などやや沈む変化球やツーシームが有効。
コース以上に投じるボールの質がより重要になる

ージから紹介したように、ボールの上っ面を叩かせるように低目を突いていきます。そして打たせたい方向を考えた場合、打たせたい方向に対して逃げていくボールが有効になります。逃げていくボールというのは、右ピッチャーであればインコースにシュート系などやや沈む変化球やツーシームになります。

それからどのような打球を打たせたいのかを考えたときに、重要になるのはコースよりも投じるボールの質になります。自分（ピッチャー）とバッターの力関係やその日の投球の質を見て判断をしましょう。

バッターの構えと特徴

前作「次の一球は?」ではいろいろなパターンを紹介しましたが、今作ではいくつかの例を紹介します。構えを見てスイングの傾向がつかめるようになると、より効果的な配球の組み立てが考えられるようになります。

例 1

トップの時に「グリップが肩のラインよりも上に来てバットをやや寝かせ気味にする」バッター

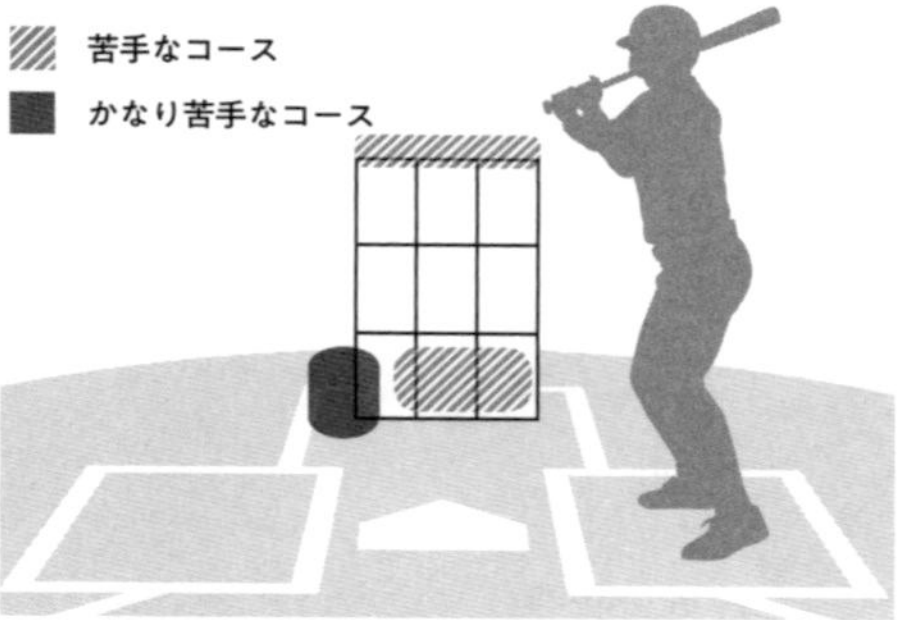

低目に弱く、特に外角低目に落ちる変化球が有効。
また高目のボール球にも手を出しやすい

例 2

トップの時に「グリップが肩のラインよりも下に来て、バットを立て気味にする」バッター

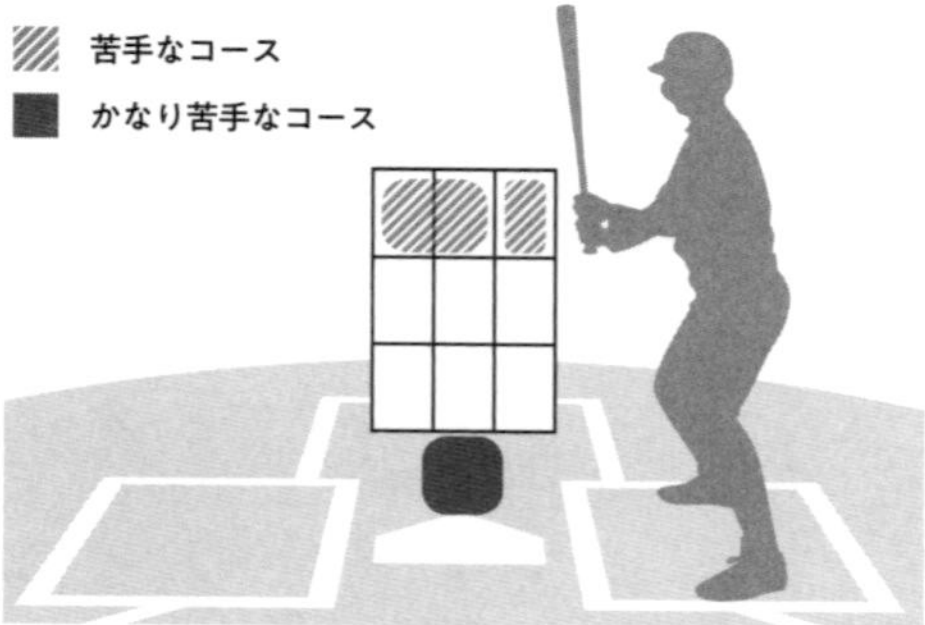

スイング時にヘッドの重さでバットが下がるため、
高目が全般的に苦手

例 3

トップの時に「グリップが身体の内側に入る」バッター

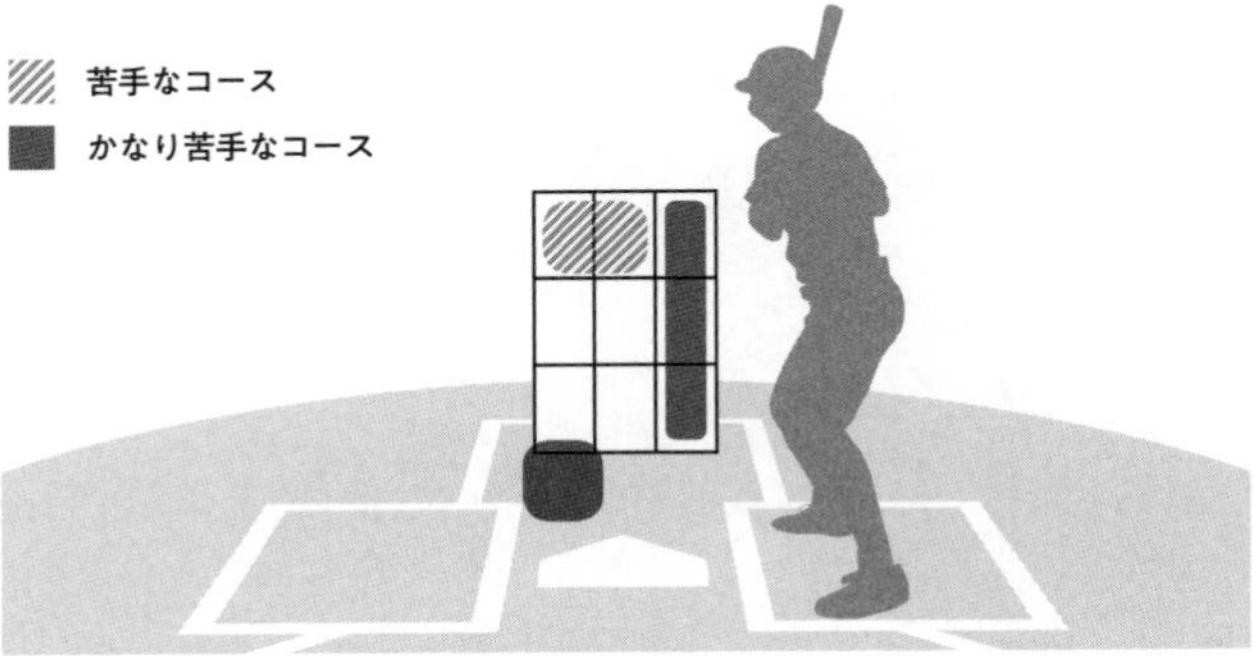

ヒジが前に出てこないため内角が有効。またアウトコースに落ちる変化球には、
ボール球でも手を出しやすい

例 4

ベースの近くに立って構えるバッター

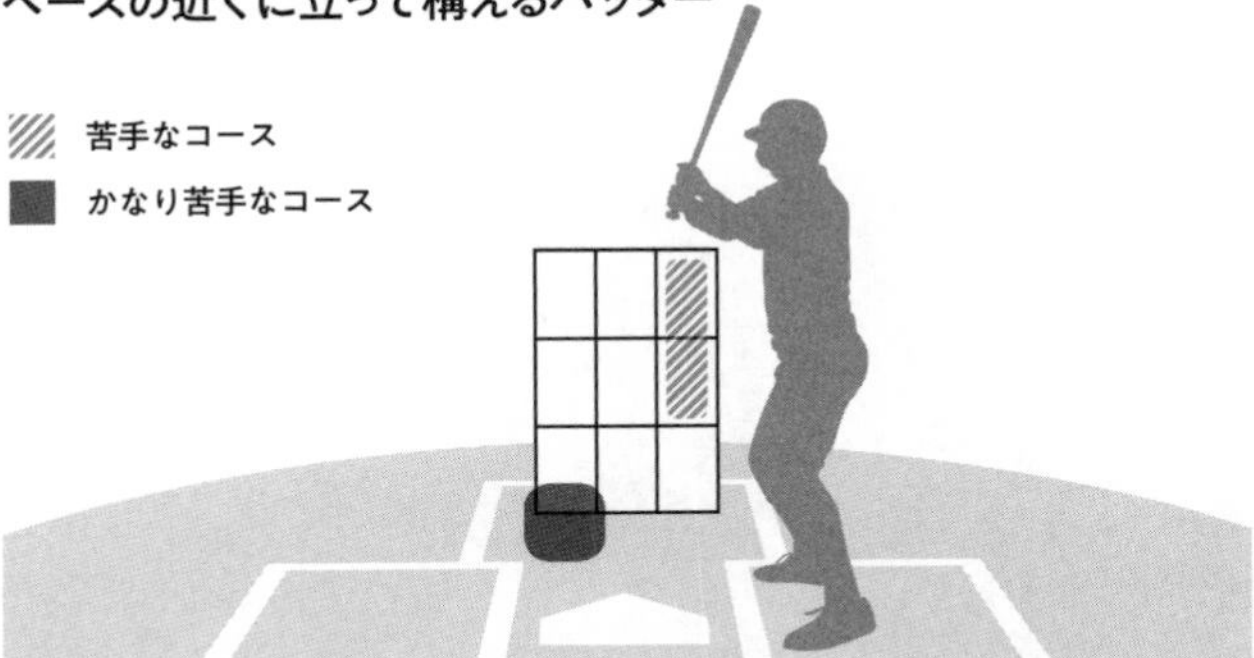

内角を投げさせないようにするためにベース寄りに立っていることが多い

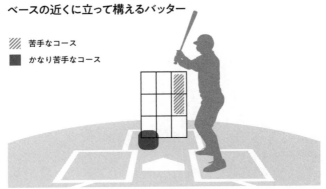

おわりに

ピッチャーの心理として、「慎重になる」「強気になる」という気持ちのせめぎ合いがあります。そのため、慎重すぎてバッターを歩かせてしまったり、強気に行き過ぎて打たれてしまったりすることがあります。

ピッチャーは自分やバッテリーの考えを整理することが大事です。ピッチャーは自分で動作をはじめられるという利点がありますので、考える時間を作り、整理し、投球してもらいたいと考えます。

配球を振り返ったときに大事なことは、結果ではなくどのようなプロセスで組み立てたかになります。

あるセオリーがあれば、そのセオリーをどれだけ崩していけるか工夫をすることが、考える野球につながります。

本書の内容をそのまま実践するのではなく、「こう書いてあるけど自分たちならどうする？」と考えながら、そして楽しみながら読んでいただけると幸いです。

筑波大学 准教授　**川村　卓**

川村 卓（かわむら・たかし）

1970年生まれ。筑波大学体育系准教授。筑波大学硬式野球部監督。全日本大学野球連盟監督会幹事、首都大学野球連盟常務理事。札幌開成高校時代には主将・外野手として夏の甲子園大会に出場する。また筑波大学時代も主将として活躍。筑波大学大学院修士課程を経た後、北海道の公立高校で4年半、監督を経験する。その後2000年12月に筑波大学硬式野球部監督に就任。18年明治神宮大会出場を果たす。主にスポーツ選手の動作解析の研究を行っている。主な著書に『「次の一球は?」野球脳を鍛える配球問題集』（辰巳出版）、『最新科学が教える! ピッチング技術』『最新科学が教える! バッティング技術』（共にエクシア出版）、などがある。

●企画・編集・構成　佐藤紀隆（株式会社Ski-est）
　　　　　　　　　　稲見紫織（株式会社Ski-est）
●デザイン　三國創市（株式会社多聞堂）
●校正　山口芳正
●オビ写真提供　株式会社ジーエー・リンク
●写真　眞嶋和隆

「次の一球は?」投手編　野球脳を鍛える配球問題集

2021年3月5日　初版第1刷発行

著　者　川村　卓
発行者　廣瀬和二
発行所　辰巳出版株式会社
〒160-0022 東京都新宿区新宿2丁目15番14号　辰巳ビル
TEL　03-5360-8960（編集部）
　　　03-5360-8064（販売部）
FAX　03-5360-8951（販売部）
URL　http://www.TG-NET.co.jp

印刷・製本所　図書印刷株式会社

ISBN 978-4-7778-2684-1 C0075